GÄRTNERTIPPS
für Frühling und Sommer

Dr. Markus Phlippen

GÄRTNERTIPPS

für Frühling und Sommer

RATGEBER
HEIM+GARTEN

vgs EGMONT

Bibliografische Information Der Deutschen Bibliothek
Die Deutsche Bibliothek verzeichnet diese Publikation in der Deutschen Nationalbibliografie;
detaillierte bibliografische Daten sind im Internet über http://dnb.ddb.de abrufbar.

Umschlagfoto vorne: Passionsblume *(Passiflora caerulea)*

Bildnachweis

S. 8, 19 oben, 53, 54, 81, 95, 112, 114, 115, 116, 117, 118, 119, 136, 137, (141): Markus Phlippen; S. 16, 21, 25 links oben, 38, 39 unten, 45, 46, 48, 49, 50, 51, 56, 57, 59, 62, 63, 66, 67, 70, 76, 78, 79, 86, 88, 94, 103, 106, 107, 113, 120, 122, 123, 127, 129, 134, 135: Friedemann Borchert; S. 5, 7, 13, 15, 17, 19 unten, 20, 22 rechts oben, 25 rechts oben, 27, 28, 29, 31, 33, 35, 36, 39 oben, 40, 43, 44, 60, 61, 71, 77, 80, 83, 84, 85, 87, 89, 91, 93, 97, 100, 101, 104, 105, 108, 109, 111, 121, 124, 125, 126: Jutta von der Gönna; S. 14, 22 links oben, 24, 41, 55, 65, 128: Imhoff Realisation; S. 68, 69: Elmar Mai; S. 130, 131, 132, 133: Sandra Graf; S. 23, 34: Egmont vgs; S. 98: Philipp Schönfeld

Kontakt:
WDR
Ratgeber H+G
50600 Köln
Zuschauertelefon: 0180 5 67 88 88 (11 Cent pro Minute aus dem Festnetz)

Agentur: WDR mediagroup licensing GmbH

verlegt durch EGMONT Verlagsgesellschaften mbH, Gertrudenstraße 30-36, 50667 Köln

Herausgeber: Arno Imhoff
Projektleitung: Peter Jamin
Redaktion »ARD Ratgeber Heim+Garten«: Rainer Nohn
Redaktion »Gärtnertipps«: Dr. Jutta von der Gönna, Friedemann Borchert
Redaktion vgs: Susanne George
Umschlaggestaltung, Layout und Satz: Metzgerei Strzelecki, Köln
Umschlagfoto vorne: © Markus Phlippen
Umschlagfoto hinten: © Friedemann Borchert
Produktion: Susanne Beeh
Druck: Westermann, Zwickau
ISBN 978-3-8025-3609-0

www.vgs.de
www.ratgebergarten.de

INHALT

Vorwort – Vom klugen Gärtner

Wer in die Welt des Gärtnerns eintaucht, kommt an den Engländern nicht vorbei. Keine andere Nation hat so viel Liebe und Passion für die Botanik entwickelt und betreibt die Gartengestaltung mit einer so großen Leidenschaft, die gleichzeitig durch umfassendes Wissen wie auch durch Mut zu Außergewöhnlichem und zum Experimentieren geprägt ist. Diese Mischung macht jenen typischen, modernen englischen Gartenstil aus, der uns so sehr fasziniert.

Arbeite klug, nicht hart

Als ich im Garten »Serre de la Madone« in Menton an der Côte d'Azur eine Folge für den »ARD Ratgeber Heim+Garten« produzierte, erinnerte mich dieser Gestaltungsstil an ein »kontrolliertes Chaos«. Sir Lawrence Johnston, einer der berühmtesten englischen Gartenkünstler, hat mit »Serre de la Madone« vor über achtzig Jahren seine mediterrane Gartenvision verwirklicht. Er schuf einen wildromantischen Terrassengarten mit ungewöhnlichen Gewächsen, vornehmlich aus Südafrika und Australien. Jeder Blick im Garten wirkt wie ein Blick in die freie Natur, und doch ist alles von langer Hand geplant. Man kämpft also nicht gegen die Natur, diesen Kampf kann man nur verlieren, sondern lernt sie kennen und arbeitet mit ihr, wird als Gärtner kreativ.

Immer wieder wollen uns Gartenratgeber suggerieren, dass das Gärtnern wie von selbst geht. Man brauche eigentlich nichts zu tun – alles »easy«. Bei solchen Versprechungen hätte mein Großvater leicht eine Augenbraue hochgezogen, ein verschmitztes Lächeln aufgesetzt und sich wieder dem lästigen Giersch gewidmet, den er schon den ganzen Tag von Hand gejätet hat. Soll heißen: Gärtnern macht natürlich Arbeit und ist zeitaufwendig – bereitet aber unglaublich viel Spaß. Wer die Arbeit scheut, wird mit seinem Garten nicht glücklich werden. Aber ich kann den Einsteigern, für die dieses Buch ebenso gemacht ist wie für die Profis mit dem grünen Daumen, Mut machen. In seiner grünen Oase erfährt jeder Gärtner oder Pflanzenfan eine besondere Art der Eigentherapie: Der Ungeduldige lernt Geduld, der zwanghaft Fleißige findet Entspannung, und der Faule wird beim Anblick der frisch keimenden Aussaat auf einmal unglaublich emsig.

Hilfreich ist es, eine englische Gartenweisheit zu beachten: »Work smart, not hard.« Arbeite klug, nicht hart. Genau diese Philosophie pflegen wir auch, wenn wir die Fragen unserer Zuschauer beantworten. Viele tausend Antworten haben wir in den vergangenen Jahren im »ARD Ratgeber Heim+Garten« schon gegeben.

Für dieses Buch haben wir solche Fragen ausgewählt, die häufig gestellt wurden und deren Beantwortung vielen Gärtnern am Herzen liegt.

Das sind nicht nur »normale«, sondern öfter auch exotisch anmutende Interessen, die da behandelt werden. Ganz in unserem Sinne, möchten wir doch auch den erfahrenen Gartenfan zu neuen Experimenten verführen.

Die Welt der Natur – gleich ob im Garten, auf der Terrasse, auf dem Balkon oder der Blumenbank – ist ein lebenslanges Experimentierfeld, und nie wird es hier langweilig: Das ist das Geheimnis des Gärtnerns, dem auch Sir Lawrence Johnston auf der Spur war.

Dr. Markus Phlippen
Moderator des »ARD Ratgeber Heim+Garten«

Für jeden fängt der Frühling anders an

Wann fängt der Frühling an? Und wann beginne ich mit dem Aufräumen, der Pflege und Bepflanzung von Garten, Terrasse, Balkon oder der Blumenbank?

Ich weiß aus vielen Gesprächen mit Hobby- und Profi-Gärtnern, dass jeder Garten und somit auch jeder Gärtner seinen eigenen Frühlingsbeginn hat. Für einen umsichtigen Pflanzenliebhaber beginnt der Frühling nicht punktgenau zum meteorologischen Frühlingsanfang am 1. März. Und auch die Frühjahrs-Tag-und-Nacht-Gleiche am 21. März, die für die Astronomen als Frühlingsbeginn gilt, ist nicht verbindlich für den Gärtner. Vielmehr entwickelt ein Gärtner oder eine Gärtnerin einen ganz persönlichen Frühlingsbeginn. Für mich ist das weithin sichtbare Aufblühen der Forsythie ein Signal dafür, dass es wieder aufwärtsgeht – mit der Temperatur, mit der Helligkeit des Tages und mit der Stimmung der Menschen. Darum empfehle ich gerne, immer eine Forsythie in Sichtweite des Küchenfensters zu pflanzen, sodass man schon morgens beim Frühstück einen sonnengelben Blütenbusch, der dem Grauhimmel ins Gesicht lacht, im Blick hat.

Der Frühling ist auf jeden Fall meine bevorzugte Jahreszeit. Endlich kann man die an langen Winterabenden geschmiedeten und im Familienrat begeistert

links: Der Moderator Markus Phlippen mit seinem Baumfarn, der nun weiterhin ein Kübelbaumfarn bleibt.

diskutierten Pläne umsetzen. Steht man dann draußen in seinem Reich, muss man allerdings manchmal auch feststellen, dass Theorie und Wirklichkeit im Garten nicht immer die größte Schnittmenge bilden. Manches, was sich am Küchentisch gut anhörte, lässt sich im Garten nicht verwirklichen.

Ich erinnere mich noch, wie ich eines schönen Tages im April unseren großen tasmanischen Baumfarn endlich ins Schattenbeet einpflanzen wollte. *Dicksonia antarctica* macht seinem Namen nämlich alle Ehre, ist er doch der einzige Vertreter aller Baumfarne, der in unseren Breiten ausgepflanzt werden kann und – zumindest im Rheinland – relativ frosthart ist. Für eine Pflanze der australischen Flora ideale Bedingungen.

Unser Exemplar war mit einer Kronenweite von fast 3 Meter und einem Stamm von 30 Zentimeter Durchmesser zu beeindruckender Größe gelangt. Der Farn hätte nach meinen Vorstellungen wunderbar ins Zentrum des Schattenbeets gepasst – schön kombiniert mit ein paar einheimischen Farnen zu seinen Füßen und hell blühenden Schattenstauden für Lichtakzente.

So weit der Plan, den meine Familie und ich im Winter ausgeheckt hatten. Beim Aushub des Pflanzlochs stellten sich jedoch schon bald Zweifel ein, ob unser Vorhaben gelingen würde. Unsere Erde ist sehr schwer und lehmig, und Baumfarne mögen es zwar gerne feucht, aber bitte nur von oben. Staunässe an den Wurzeln ist tödlich.

Was tun? Wir beschlossen, ein größeres Pflanzloch zu graben und die komplette Erde auszutauschen. Und da passierte es: Zunächst war nur ein kleines, etwa 10 Zentimeter großes Loch am Boden des Pflanzlochs zu erkennen. Maulwurf? Wühlmaus? Mit dem nächsten Spatenstich endeten unsere schönen Pläne. Der Spaten verschwand mit einem dumpfen »Platsch« komplett in einem Loch im Boden. Bei den Bergungsarbeiten legten wir einen etwa 30 mal 30 Zentimeter großen Einstieg zu einer alten Zisterne frei. Diese Zisterne und noch drei weitere, das stellte sich später heraus, erstrecken sich in einem halben Meter Tiefe unter dem kompletten Schattenbeet. Und sie waren mit einer massiven Betondecke abgedeckt.

Was nun? Der tasmanische Baumfarn blieb im Kübel, ist inzwischen weiter gewachsen und verbringt die Winter mit mediterranen Kollegen wie Olive und Zitrone in einem Wintergarten bei 0 bis 5 °C. Irgendwann bekommt er sicher sein eigenes Stück Garten, und dann werden auch die Zisternen wieder in Betrieb genommen.

Manche Pläne, im Winter ausgeheckt, bleiben eben schöne Luftschlösser. Andere Ideen werden dagegen zügig und ohne Probleme realisiert. Nicht zuletzt sorgt Kreativität für den richtigen Frühlingsspaß im Garten.

Pflegekalender Frühling

MÄRZ

NUTZGARTEN

+ Kartoffeln auf einer kühlen, hellen Fensterbank vortreiben
+ Vorziehen und pikieren auf der warmen Fensterbank: Auberginen, Salate, Knollenfenchel, Blumenkohl, Brokkoli, Kohlrabi, mittelfrühe Sorten von Wirsing, Rot- und Weißkohl, Knollensellerie, Tomaten, Gurken, Paprika
+ Direkt aussäen bei milder Witterung: Dill, Pflück-, Schnitt-, Eis- sowie Feldsalat, Spinat, Möhren und Mangold; unter Folie oder Vlies: Kopfsalat, Rettiche und Radieschen
+ Auspflanzen: Frühe Kohlarten unter Folie oder Vlies
+ Obstgehölze pflanzen und Stützpfähle anbringen
+ Pfirsich und Kiwi zurückschneiden
+ Himbeere und Brombeere: abgetragene Himbeerruten bodennah abschneiden bzw. entfernen
+ Bei Erdbeeren Altlaub und Strohreste entfernen
+ Nacktschnecken bekämpfen
+ Im Gewächshaus: Noppenfolie entfernen, Gelbtafeln anbringen (Vorsorge gegen Weiße Fliege)

ZIERGARTEN

+ Pflanzzeit für Stauden (auch Teilung), Bäume, Ziersträucher, Heckensträucher und Bambus (Boden darf nicht mehr gefroren sein)
+ Durch Frost hochgedrückte Stauden wieder tiefer pflanzen, Abgestorbenes entfernen
+ Gräser auf 5 Zentimeter Höhe zurückschneiden; alle immergrünen Ziergräser (Hainsimsen, Seggen, *Festuca*-Arten) nur ausputzen
+ Zwiebelpflanzen mit 30 Gramm Kalimagnesia je Quadratmeter düngen
+ Bei Rosen Winterschutz entfernen, Erfrorenes und Vertrocknetes ausschneiden und düngen
+ Rückschnitt von Teichpflanzen
+ Geiltriebe bei Kübel- und Balkonpflanzen wegschneiden
+ Aussäen von Sommerblumen und Stauden in Töpfen, später pikieren
+ Clematis (Schnittgruppe 3, Blüten am neuen Holz im Sommer und Herbst) bis auf 20 Zentimeter zurückschneiden; Clematis der Schnittgruppe 2 nur auslichten, alle paar Jahre stärkerer Rückschnitt

APRIL

NUTZGARTEN

+ Vorziehen in Töpfen: Zucchini, Kürbis
+ Aussaat von Roten Rüben, Erbsen und Chicorée, Spinat, Möhren, Pastinaken, Mark- und Zuckererbsen, Zwiebeln
+ Auspflanzen: Kopfsalat und frühe Kohlarten
+ Frostempfindliche Kräuter wie Basilikum oder Bohnenkraut am Zimmerfenster vorkultivieren
+ Kräuter wie Salbei, Thymian und Rosmarin rundherum kräftig zurückschneiden, jedoch nicht ins alte Holz
+ Weiterhin Pflanzzeit für Obstgehölze
+ Nach Blattaustrieb Pflanzenstärkungsmittel bis Sommer regelmäßig anwenden
+ Auspflanzen der Frühkartoffeln
+ Regelmäßiges Hacken hält Beete unkrautfrei
+ Mehrjährige Kräuter verjüngen: Wurzelballen teilen und wieder auspflanzen
+ Beste Pflanzzeit für wärmebedürftige Obstbäume, etwa Pfirsich

ZIERGARTEN

+ Rasen vertikutieren und düngen; beste Zeit für Rasenneuanlage
+ Weiterhin Pflanzzeit und Teilung von Stauden
+ Pflanzzeit für Gehölze, beste Zeit für Immergrüne und Wärmebedürftige
+ Mulchdecken von Unkraut befreien und neuen Mulch auftragen
+ Dickmaulrüssler an Rhododendren: Bekämpfung mit Nematoden (Fadenwürmer)
+ Zwiebelpflanzen erhalten zweite Gabe Kalimagnesia (30 Gramm/Quadratmeter); bei Tulpen und Narzissen Verblühtes entfernen
+ Frühe Clematis nach der Blüte zurückschneiden (Schnittgruppe 1)
+ Robuste Kübelpflanzen können ins Freie; junge Pflanzen alle 2 bis 3, ältere alle 5 Jahre umtopfen. Alle anderen leicht düngen und zurückschneiden
+ Ab 12 °C Wassertemperatur kann man Fische wieder füttern

Pflegekalender Frühling

MAI

NUTZGARTEN

+ Aussaat von Stangen- und Buschbohnen
+ Auspflanzen ab Mitte Mai: Tomaten, Gurken, Paprika, Zucchini, Knollensellerie, Zuckermais an einem sehr geschützten Platz, auch Auberginen, Melonen und Basilikum (Vorsicht vor Schnecken, besser in Balkonkasten pflanzen)
+ Für die Eisheiligen (12.-15. Mai) vorsorglich Folien, Vliese oder Tunnel zum Abdecken bereithalten
+ Gemüse regelmäßig gießen, düngen und ausdünnen
+ Strauchobst und Erdbeeren bei Trockenheit wässern
+ Unter Bäumen und Beerensträuchern mulchen (Rasenschnitt)
+ Grünkohl ins Freie aussäen (vereinzelt wird im Juli)
+ Triebe von Frühkartoffeln und Erbsenpflanzen anhäufeln
+ Regelmäßiges Hacken und Mulchen der Beete und Unkraut entfernen
+ Schneckenbekämpfung nicht versäumen
+ Bei kleinen Gärten: Gemüse in Töpfen und Pflanzsäcken ziehen
+ Kräuter im Topf leicht düngen, beim Pflanzen und Umpflanzen Komposterde hinzugeben
+ Früchte ausdünnen bei Apfel, Pflaume, Pfirsich und Nektarine
+ Überlange Kiwitriebe einkürzen

ZIERGARTEN

+ Abgeblühte Polsterstauden ausputzen und teilen, verwelkte Blüten der Zwiebelblume abschneiden, Laub aber stehen lassen
+ Im Sommer blühende Zwiebel- und Knollenpflanzen pflanzen: Dahlien, Montbretien, Pfauen- oder Tigerblume, Canna, Lilienschopf, Knollenbegonien und Freesien
+ Zweijährige Sommerblüher aussäen
+ Ab Mitte Mai können Kübelpflanzen endgültig ins Freie, zuerst an einen schattigen Platz zum Eingewöhnen
+ Wildtriebe an Rosen entfernen
+ Auspflanzen ab Mitte Mai: Fuchsien, vorgezogene Sommerblumen
+ Balkon: Regelmäßig gießen und düngen, wenn kein Langzeitdünger benutzt wurde
+ Wöchentlich Rasen mähen
+ Gartenteich: Wasserpflanzen und Seerosen in Körbe pflanzen

1. Duft gehört in jeden Garten

Zugegeben, bunte Blütenpracht, üppiges Grün und selbst gezogenes, wohlschmeckendes Gemüse sind wichtige Zutaten in einem gelungenen Garten. Aber ohne Duft fehlt ihm eine wichtige Nuance. Auch die Nase will verwöhnt werden. Darum gönnen Sie sich doch eine altmodische Duftrose, einen Fliederstrauch oder das süßlich duftende Geißblatt als Dauergast im Garten. Wer wenig Platz hat, holt sich Duftpflanzen für den Balkonkasten: Heliotrop mit seinem starken Vanilleduft, die Zitronenverbene, deren Blätter einen betörenden Zitrusduft verströmen, wenn man sie kräftig reibt (aus ihren Blättern lässt sich ein köstlicher Tee bereiten), oder den nicht ganz frostharten weißen Jasmin, dessen süßlicher Geruch im Zimmer allerdings Kopfschmerzen bereiten kann. Und wer es ganz altmodisch mag, zieht sich ein Spalier voller Wicken. Wenn die Blüten regelmäßig ausgeputzt werden, kann man über Monate das Wohnzimmer mit hübschen Sträußen beduften.

2. Welche Pflanzen reinigen die Zimmerluft?

Ein Zimmer oder eine Wohnung mit Pflanzen hat generell ein besseres Klima als Wohnungen ohne Pflanzen. Zum einen verdunstet über die Blätter Wasser, das die Luftfeuchtigkeit in den Räumen erhöht. Besonders in modernen Bauten ist die Luft in der kalten Jahreszeit zu trocken und staubig. Damit kommt ein weiterer großer Vorteil von Pflanzen zum Tragen: Sie binden Staub und Schadstoffe aus der Luft. Das bedeutet natürlich auch, dass man seine Zimmerpflanzen regelmäßig entstauben oder abbrausen sollte. Von der Grünlilie *(Chlorophytum comosum)*, dem duftenden Drachenbaum *(Dracaena fragrans)* und der allseits beliebten Birkenfeige *(Ficus benjamina)* ist außerdem bekannt, dass sie Schadstoffe – etwa Formaldehyd – aus der Luft absorbieren können. Obwohl dies nachweisbar ist, müsste man jedoch sehr viele Pflanzen einsetzen, um bei einer echten Schadstoffbelastung einen Effekt zu erzielen, da die Umsatzraten relativ gering sind. Regelmäßiges Lüften der Räume ist in jedem Fall viel effektiver.

3. Nacktschnecken – eine unendliche Geschichte

»Wer auf leisen Sohlen kommt, führt selten Gutes im Schilde«, weiß der Volksmund. Die Genetzte

Ackerschnecke und seit gut 20 Jahren auch die gefürchtete Spanische Wegschnecke schleichen nachts – immer der Nase nach – direkt ins Salat- und Blumenbeet. Passionierte Gärtner treibt das Fressgelage nicht selten zur Verzweiflung. Dagegen helfen lückenlos aufgebaute Schneckenzäune – Blechprofile mit zwei unüberwindbaren 30-Grad-Winkeln. In derart geschützten Beeten müssen aber alle mit »eingezäunten« Schnecken abgesammelt werden. Die ideale Schneckenfalle: ausgelegte große Bretter! Hierunter findet man sie tagsüber besonders leicht. Beim Schneckenkorn lohnt sich der Blick aufs Kleingedruckte der Verpackung. Eisen-III-Phosphat ist ein natürlicher Wirkstoff – garantiert ungiftig. Metaldehyd ist für den Anwender nicht unproblematisch, baut sich im Boden allerdings rasch zu Kohlenstoff und Wasser ab, also keine Rückstandsgefahr im Gemüse.

4. Erde oder Hydrokultur – Was ist für Zimmerpflanzen besser?

Im Zweifelsfall ist für jede Pflanze die Erdkultur das erste Mittel der Wahl, und zwar die Kultur in der richtigen Erde! Die Ansprüche an die Zusammensetzung des Substrats sind einfach zu unterschiedlich bei den vielen tausend Zimmerpflanzen, die es gibt. Die Hydrokultur ist eine raffinierte Spezialkultur, die mit vielen Pflanzen sehr gut funktioniert, aber nicht mit allen. Der Hauptvorteil liegt im größeren Wasservorrat, der den Pflanzen zur Verfügung steht – ideal, wenn man häufiger kurz verreist. Ein Nachteil ist jedoch, dass sich Fehler beim Düngen schneller bemerkbar machen, da keine Erde zur Abpufferung vorhanden ist. Es gibt neuerdings Spezialgefäße (z. B. von Lechuza), die Erdkultur mit Hydrokultur verbinden und gerade für große Zimmerpflanzen ideal sind. Das Erdreservoir macht ungefähr drei Viertel und der Wasservorrat ein Viertel des Gefäßinhalts aus. Bei den größten Gefäßen können durchaus 15 bis 20 Liter Wasser eingefüllt werden. Über einen Wasserstandsanzeiger kann wie bei der Hydrokultur der Wasservorrat kontrolliert werden.

5. Unkraut auf der Terrasse – Wie werde ich es am besten los?

Terrassen und Wege möchte man möglichst frei von Unkraut halten. Weitverbreitet, preiswert und effektiv ist das Abflämmen mit einem Gasbrenner. Man muss allerdings aufpassen, dass der Hitzekegel nicht angrenzende Zierpflanzen versengt. Manchmal ist das Unkraut auch so hartnäckig, dass man zu härteren Mitteln greifen möchte. Pflanzenschutzmittel und Unkrautvernichtungsmittel dürfen aber nur auf Pflanzflächen eingesetzt werden. Auf sogenannten »Nichtkulturflächen«, etwa Plattenwegen, Terrassen oder – noch schlimmer – Bürgersteigen, die über die Kanalisation entwässert werden, ist es verboten. Denn dort werden die Mittel nicht – wie im gewachsenen Boden – von Mikroorganismen abgebaut, sondern sie gelangen ins Grundwasser. Wer regelmäßig Bürgersteige, Rinnen und Plätze mit einem harten Borstenbesen fegt, entfernt neben Samen auch Humusstoffe, sodass nichts auskeimen kann. Wenn sich doch ein Pflänzchen hartnäckig hält, muss die gute alte Handarbeit ran – etwa mit dem praktischen Fugenkratzer.

6. Stauden pflanzen – aber richtig

Viele Gärtner wurden schon enttäuscht, wenn sie im Frühjahr sehnlich auf den Austrieb von neu gepflanzten Stauden warteten. Im Herbst gesetzt, sollten die Pflanzen Zeit genug haben, um reichlich Wurzeln zu bilden und üppig wiederzukommen. Doch in schweren, lehmigen Böden versagen oftmals Pflanzen, die in reinem Torfsubstrat gezogen wurden. Die Wurzeln wollen einfach nicht aus dem Ballen heraus in das ungewohnte Erdreich wachsen. Monate später kann man die abgestorbenen Pflanzen wieder aus dem Boden ziehen, und der Ballen sieht unverändert aus. Dem kann man abhelfen, indem man ein größeres Loch aushebt und die Erdballen in ein Gemisch aus Humus, Sand und lehmiger Gartenerde einsetzt. Wenn der schwere Boden vorher noch gut gelockert wurde, haben die verzärtelten Pflanzenwurzeln eine Übergangszone, in die sie willig hineinwachsen.

7. ADR-Rosen haben Tests bestanden

Auf der Suche nach pilzresistenten Rosen wird man schnell fündig unter den sogenannten ADR-Rosen. Die haben die »Allgemeine Deutsche Rosenneuheitenprüfung« bestanden – einen mehrjährigen Test an verschiedenen Standorten der Republik. Darunter befinden sich herrliche Strauchrosen wie 'Westerland' oder 'Compassion', eine Kletterrose – beide mit gutem Duft. Das Gütezeichen kann auch wieder aberkannt werden, wie es mit der populären weißen Strauchrose 'Schneewittchen' geschehen ist. Ohne Fungizide, so hat sich herausgestellt, kann sie kaum gesund erhalten werden und erfüllt damit nicht mehr heutige, strengere Prüfkriterien. Listen gibt es im Internet unter www.adr-rose.de.

8. Soll ich mit meinen Pflanzen sprechen?

Selbstverständlich! Wenn es Ihnen guttut, mit Ihren Pflanzen zu sprechen, dann tut es Ihren Pflanzen auch gut. Die Erklärung dieses Phänomens ist jedoch weniger in der Botanik zu suchen als vielmehr in der Psychologie. Es ist ähnlich wie mit dem Gärtnern nach dem Mond: Gärtner, die sich solch einer Philosophie verschrieben haben, kümmern sich nachweislich intensiver um ihre Schützlinge als andere – sie verbringen mehr Zeit mit Hege und Pflege, und das führt zu größeren Erfolgen. Wer mit seinen Pflanzen spricht, setzt sich stärker mit den grünen Mitbewohnern auseinander und bemerkt früh, wenn es den Pflanzen an irgendetwas fehlt. Die Pflanzen werden es einem danken, und man gibt sich selbst einen Rhythmus vor: Hab ich dich heute eigentlich schon gegossen?

9. Stimmt es, dass man Leitungswasser für Topfpflanzen abkochen soll?

Die meisten Zimmerpflanzen, aber auch viele Kübelpflanzen sind auf Dauer auf weiches Gießwasser angewiesen. Leitungswasser enthält Salze, die es hart machen. Die Wasserhärte wird in Graden angegeben und kann vom Wasserwerk erfragt werden. Wasser unter 10 Härtegraden ist völlig unbedenklich, liegt der Wert dagegen deutlich über 15, sollte es enthärtet werden, etwa mittels Wasserfilter mit Ionenaustauscher. Bei einer Wasserhärte um 15 genügt das Abkochen: Kalzium schlägt sich als Kesselstein am Gefäßrand nieder, was die Wasserhärte ausreichend reduziert. Weil sich im Laufe der Jahre dennoch Kalk im Substrat anreichert, muss alle 3 bis 4 Jahre in frische Erde umgetopft werden.

10. Der richtige Topf für Kübelpflanzen

Beim Kauf von Kübeln sollte man sich nicht allein von ästhetischen Gesichtspunkten und vom Preis leiten lassen. Ein guter Kübel muss vor allem standfest sein, um nicht vom Wind umgeworfen zu werden. Neben dem Gewicht spielt die Größe des Bodens eine Rolle. Ideal sind Gefäße, die nicht höher als breit sind. Äußerst beliebt sind Terrakottakübel, für manche empfindlichen Pflanzen wirkt sich aber hier die Wasserverdunstung der durchlässigen Wand nachteilig aus. Bei minderwertiger, billiger Ware kommt es dabei zu unschönen Ausblühungen. Außerdem verteilen sich die Wurzeln in undurchlässigen Töpfen gleichmäßig im Substrat, während man sie bei Tontöpfen vor allem im Randbereich findet. Ein guter Kompromiss sind Töpfe aus Kunststoff, die in Terrakotta oder Steinzeug hineingestellt werden. Das macht den Transport, der zweimal im Jahr fällig ist, um vieles einfacher. Wülste am oberen Rand sind eine gute Hilfe. Dort finden spezielle Tragegurte Halt, mit denen man zu zweit schwere Kübelpflanzen tragen kann.

Fragen & Antworten
ZUM FRÜHLINGSGARTEN

1 Verjüngung bringt die Strauchpfingstrose wieder in Form

Ich habe vor einigen Jahren eine Strauchpfingstrose gepflanzt. Sie ist recht hoch und verkahlt von unten. Kann ich sie zurückschneiden?

Auch wenn man häufig liest, dass bei Strauchpfingstrosen kein Schnitt notwendig sei, können zu groß gewordene oder unharmonisch gewachsene Pflanzen problemlos geschnitten werden. Ja, sogar ein radikaler Rückschnitt ist möglich und angesagt, wenn beispielsweise Pilzkrankheiten zum Absterben von Trieben führen, starke Winterfröste Schäden anrichten oder wenn eine große Pflanze umgesetzt werden soll.

Der beste Zeitpunkt für den Auslichtungs- und Verjüngungsschnitt ist das zeitige Frühjahr. Die schwellenden Knospen zeigen dabei an, wo mit einem Austrieb zu rechnen ist. Möchte man, dass die Blüten über dem Laub stehen, so schneidet man alle Triebe bis zur nächsten gut sichtbaren Blütenknospe (diese sind kräftiger) zurück. Soll die Pflanze dagegen radikal verjüngt werden, schneidet man tief unten, knapp oberhalb der schlafenden Augen. Die Pflanzen benötigen dann zwar 1 bis 2 Jahre, um zu alter Schönheit zurückzukehren, doch sie danken es mit dichtem Wuchs und schönen Blüten. Den Strauchpäonien, den verholzenden Schwestern der Staudenpfingstrosen, steht sicherlich eine große Zukunft in unseren Gärten bevor. Heutzutage kultiviert man bei uns noch überwiegend japanische und europäische Sorten, die unter dem veralteten Begriff »*Suffruticosa*-Hybriden« zusammengefasst werden können. Seit der Öffnung Chinas findet jedoch eine neue Gruppe von Züchtungen ihren

: GEWUSST WIE

Strauchpäonie richtig pflanzen

Man suche für die Strauchpäonien einen warmen, aber nicht vollsonnigen Platz im Garten, der im Winter und Frühjahr leicht beschattet ist. Mittagssonne sollte vermieden werden, die Blüten halten dann nicht sehr lange. Ideal sind Westlagen. Bäume oder große Sträucher als direkte Nachbarn sind wenig geeignet, der Wurzeldruck macht den Strauchpäonien zu schaffen. Der Boden muss gut durchlässig sein, optimal sind luftige, sandig-lehmige Böden mit einem Humusanteil, schwere Lehm- oder Tonböden sind ungeeignet, Staunässe ist fatal. Bei veredelten Pflanzen setzt man so tief, dass die Veredelungsstelle rund 15 Zentimeter unter Bodenniveau liegt. Hat die Veredelung schon eigene Wurzeln, reichen 5 bis 10 Zentimeter Pflanztiefe aus. Zur Düngung gibt es sehr unterschiedliche Meinungen. Ein starkes Treiben durch Stickstoff sollte unterbleiben, es fördert Pilzerkrankungen. Besser geeignet ist eine kalibetonte Düngung einige Wochen vor und nach der Blüte. Aber auch reifer Kompost eignet sich gut, sofern er frei von Krankheiten und Unkrautsamen ist.

Weg zu uns, die *Rockii*-Hybriden, Pflanzen mit schönem Wuchs und herrlichen Blüten. Ihr Erkennungsmerkmal – zumindest bei den ungefüllten Sorten – ist ein schwarz-roter Basalfleck im Blütenzentrum. Die Blütenblätter selber können von Weiß über Rosa bis hin zu dunkelstem Rot alle Farbnuancen zeigen. *Rockii*-Hybriden sind sehr tolerant gegenüber Kälte und Trockenheit und deutlich weniger pilzanfällig. Leider sind bislang nur wenige Sorten und diese ohne die Gewissheit der Sortenechtheit bei uns erhältlich.

Eine weitere Gruppe von Strauchpfingstrosen-Hybriden entstand im letzten Jahrhundert ausgehend von Europa in den USA. Durch Verwendung der gelben Wildform *Paeonia ludlowii* und der dunkelrot blühenden Art *P. delavayi* entstanden Pflanzen mit völlig neuem Farbspektrum. Reines Gelb, Apricot und viele Zwischentöne bereichern die Farbpalette nun, zudem können viele, auch gefüllte Sorten, ihre Blüten aufrecht halten, ein Vorteil gegenüber den japanischen Züchtungen, die besonders bei Regen mit ihren großen Blüten Probleme haben. Die gelb blühende Sorte 'High Noon' ist mittlerweile auch in Deutschland recht gut erhältlich, Spezialgärtnereien können zudem einige Hundert Sorten besorgen.

rechts oben: Eine typische *Paeonia-Suffruticosa*-Hybride mit gefüllten, schweren Blütenköpfen.
rechts unten Die modernen Strauchpfingstrosen zeigen ungewohnte Farben, hier die Sorte 'Spring Carnival'.

2 Kleinbäume für kleine Gärten

Wir haben nur einen kleinen Garten, möchten aber trotzdem gerne einen Hausbaum pflanzen. Welche klein bleibenden Bäume können Sie empfehlen?

Bäume prägen und gestalten maßgeblich den Lebensraum und sind einfach unersetzlich für den Naturhaushalt. Aber nur die wenigsten Gärten haben Platz für einen Großbaum, der 20 bis 30 Meter hoch wird. Dazu zählen Buche, Eiche, Spitzahorn, Rosskastanie, Walnuss und viele andere.

Dennoch werden erstaunlich viele Bäume gepflanzt, ohne die Folgen zu bedenken: Der Nachbar ärgert sich über den großen Baum, weil der ihm zu viel Schatten wirft, oder die kräftigen Wurzeln schädigen das Mauerwerk von Gebäuden. Zu weiteren Problemen kommt es dann, weil zu groß geratene Bäume oft nicht einfach gefällt werden dürfen. Baumsatzungen der Kommunen geben genau vor, bis zu welcher Größe gerodet werden darf. Oftmals greifen die Gärtner dann zur Astschere und versuchen den Schaden zu begrenzen. Doch ein ausgewogener Baumschnitt ist eine Kunst für sich, und so sieht man landauf, landab in vielen Gärten bis zur Unkenntlichkeit entstellte, gestutzte Bäume.

So weit sollte man es nicht kommen lassen und schon vor der Pflanzung zusammen mit einem Fachmann überlegen, welcher Baum in den Garten passt – vor allem auch noch in 20 Jahren. Bei wenig Platz heißt das Motto: geringes Wachstum, kleinkronige Bäume für kleine Gärten.

Dank vieler engagierter Züchter gibt es mittlerweile von etlichen Baumarten Sorten, die kaum 10 Meter Höhe erreichen und fast überall hinpassen. Darunter sind so bekannte Klassiker wie der Kugelahorn, *Acer platanoides* 'Globosum', und die Kugelrobinie, *Robinia pseudoacacia* 'Umbraculifera'. Die Kugelform bildet sich bei beiden von alleine aus. Allerdings ist die Kugelrobinie relativ windbruchgefährdet und sollte gelegentlich im Vorfrühling zurückgeschnitten werden.

Kugelförmig wächst auch *Catalpa bignonioides* 'Nana', der Kugeltrompetenbaum: Die Kugelform stellt sich auch hier von selbst ein, ein Schnitt ist jedoch später erforderlich, da Größen von bis zu 4 Meter Durchmesser erreicht werden können. Aber auch das andere Extrem steht zur Auswahl: ganz schlanke Sorten, etwa die Säulen-Eichen *Quercus robur* 'Fastigiata' und 'Fastigiata Koster'. Sie erreichen nach 25 Jahren etwa 8 Meter Höhe, werden aber in den nächsten Jahrzehnten noch deutlich höher. Säulig wachsen auch die Hainbuchen *Carpinus betulus* 'Frans Fontaine' und 'Fastigiata Monument'. Sie gedeihen zudem auf fast jedem Boden und setzen architektonisch reizvolle Akzente.

Etliche Zieräpfel, z. B. *Malus* 'Professor Sprenger', passen ebenfalls in kleine Hausgärten. Das Besondere bei Zieräpfeln ist ihre zweifache Wirkung: Im Frühjahr bieten sie eine herrliche Blütenpracht und im Herbst einen bunten Fruchtbehang, den auch die Vögel mögen. Ebereschen (*Sorbus*-Arten) stehen in dieser Hinsicht den Zieräpfeln übrigens in nichts nach.

linke Seite: Die Schwarze Maulbeere *(Morus nigra)*.
rechte Seite: Der Kugeltrompetenbaum (*Catalpa bignonioides* 'Nana') passt in jeden Garten und wirkt durch seine kompakte Form ausgesprochen architektonisch.

3 Knospenbräune bei Rhododendron

links: Braunfärbung einer Rhododendronknospe, hervorgerufen durch den Pilz *Pycnostysanus azaleae*, gut sichtbar sind die schwarzen Sporenlager. **rechts:** Nett anzusehen sind sie, die farbenfrohen Rhododendronzikaden, doch als Überträger der Knospenbräune sollten sie bekämpft werden.

An meinen Rhododendren vertrocknen seit zwei Jahren immer die Blüten, obwohl der Boden ausreichend feucht ist. Was kann das für eine Ursache haben?

Rhododendren sind bei optimalem Standort eigentlich frei von Schädlingen. Unter ungünstigen Bedingungen kann jedoch die Rhododendron-Knospenbräune, eine pilzliche Erkrankung *(Pycnostysanus azaleae)*, auftreten. Befallene Knospen trocknen ein und färben sich braunschwarz.

Übertragen wird der Pilz durch die Rhododendronzikade *(Graphocephala fennahi)*. Diese bis zu 0,8 Zentimeter großen, grünlich glänzenden Tiere, die selber keinen nennenswerten Schaden anrichten, leben auf den Blattunterseiten und fliegen bei Erschütterung auf. Die erwachsenen Tiere bohren im Sommer zur Eiablage die jungen Knospen an und übertragen so den Pilz, der in schlechten Jahren zum Totalausfall der Blüte führen kann.

Zur Bekämpfung der Knospenbräune müssen zunächst alle befallenen und verdächtigen Knospen bis ins gesunde Holz herausgeschnitten und im Hausmüll vernichtet werden (nicht in den Kompost geben). Im zweiten Schritt werden die

Zikaden als Überträger bekämpft. Bei geringem Befall eignen sich Gelbtafeln sehr gut. Die Insekten werden von Gelb einfach magisch angezogen und bleiben an den mit Leim belegten Tafeln kleben. Reicht diese Maßnahme nicht aus, kann man die Pflanzen ab Mitte August, noch vor der Eiablage, mit einem nützlingsschonenden Mittel spritzen.

Ein optimaler Standort, der zu robusten Pflanzen führt, ist meist schon ein Garant für ungetrübte Blütenpracht. Bei Rhododendren und auch Azaleen heißt das: durchlässig-humoser Boden bei gleichmäßiger Bodenfeuchte, ein pH-Wert im sauren Bereich, ein absonniger bis halbschattiger Platz mit hoher Luftfeuchtigkeit und im Frühjahr eine ausgewogene Düngung mit einem Dünger für Moorbeetpflanzen. Eine Mulchschicht um die Sträucher herum sorgt zusätzlich für eine ausgewogene Bodenfeuchte. Wenn in Trockenzeiten – auch im Winter bei Frostfreiheit – durchdringend gewässert wird, haben die Pflanzen alles, was sie für ein gutes Gedeihen benötigen.

rechts: Wer Azaleen pflanzt, die botanisch zu den Rhododendren gehören, braucht vor der Knospenbräune keine Angst zu haben.

4 Rückschnitt von Blütensträuchern

Leider habe ich durch Unkenntnis unsere Forsythienhecke im November geschnitten und bemerke jetzt im Frühjahr, dass sich weder Triebe noch Knospen bilden. Was kann ich tun, damit meine Hecke dieses Jahr blüht?

Forsythien (*Forsythia x intermedia* und andere) blühen sehr früh, noch bevor die Blätter erscheinen. Sie sind der Inbegriff des Frühlings und auch deshalb so beliebt, weil sie winterhart und ziemlich anspruchslos sind. Allerdings ist die Blüte erst an 2- bis 4-jährigen Trieben wirklich üppig. Deshalb eignen sich Forsythien nicht für streng geschnittene Hecken, denn ein Schnitt am Ende des Sommers entfernt alle soeben angelegten Blütenknospen.

Besser ist es, Forsythien im Frühjahr direkt nach der Blüte zu schneiden. Heckenpflanzen werden im Randbereich zurückgenommen und auch ein wenig ausgelichtet. Es entsteht also keine gleichmäßige Schnittebene. Das wirkt weniger akkurat als bei anderen Hecken, sichert aber den Erhalt von mehrjährigen Zweigen im Außenbereich, die ja im Jahr darauf blühen sollen. Bei frei wachsenden Sträuchern beschränkt man sich darauf, sie alle 2 bis 3 Jahre auszulichten und zu lange Zweige etwas einzukürzen. Die ältesten Triebe werden dabei bodennah abgeschnitten. So gelangen Licht und Luft in die Sträucher, was deren Verjüngung anregt.

Bei vielen anderen Sträuchern lohnt es sich ebenfalls, über die richtigen Schnittzeitpunkte Bescheid zu wissen. Auch der Flieder *(Syringa vulgaris)* wird direkt nach der Blüte beschnitten, indem man ihn etwas auslichtet. Wenn zusätzlich alles Verblühte entfernt wird, kann die Bildung von Samen verhindert und so der Ansatz neuer Blütenknospen gefördert werden.

Besonders üppig blüht Flieder, wenn er in jungen Jahren zu einer reichen Verzweigung

links: Diese Sträucher sind dem sogenannten »Hausmeisterschnitt« zum Opfer gefallen, der sich nicht am natürlichen Wuchs orientiert und häufig zu Blütenausfall und übermäßigem Neuaustrieb führt.
rechts: Tellerhortensien (Hydrangea-Macrophylla-Sorten) werden direkt nach der Blüte geschnitten.

angeregt wird. Hierzu werden bei jungen Sträuchern alle Triebe nach der Blüte um etwa ein Drittel eingekürzt. Sehr alte und zu groß gewordene Sträucher vertragen auch einen radikalen Rückschnitt. Diesen führt man jedoch im Winter durch. Direkt nach der Blüte geschnitten werden auch Ginster *(Cytisus spec.)*, Deutzie *(Deutzia spec.)*, Bauernhortensie *(Hydrangea macrophylla)*, Ranunkelstrauch *(Kerria japonica)*, Pfeifenstrauch *(Philadelphus coronarius)*, Feuerdorn *(Pyracantha cocchinea)*, Blutjohannisbeere *(Ribes sanguinea)*, Spierstrauch *(Spiraea spec.)*, Frühjahrstamariske *(Tamarix parviflora)*, Weigelie (*Weigela*-Hybriden) und Schneeball *(Viburnum spec.)*. Eine Besonderheit sind die beliebten Mandelbäumchen (*Prunus triloba*) und Hängeweiden (*Salix caprea* 'Pendula'), die nach der Blüte kräftig um die Hälfte gestutzt werden. Das fördert den Blütenansatz fürs nächste Jahr.

Blütensträucher, die an jungen, diesjährigen Trieben blühen, werden dagegen ganz anders behandelt: Hierzu zählen Spätblüher wie Sommerflieder *(Buddleja davidii)*, Gartenhibiskus (*Hibiscus syriacus*), Sommertamariske *(Tamarix ramosissima)* und auch die zu den Halbsträuchern zählende Bartblume *(Caryopteris x clandonensis)* (siehe S. 82). Alle genannten Pflanzen kann man im zeitigen Frühjahr mehr oder wenig kräftig stutzen. Das begrenzt nicht nur die Wuchshöhe, es fördert auch den Neuaustrieb und bewirkt meist eine größere Blütenfülle.

5 Blütenpracht in luftiger Höhe

Unsere Clematis wächst ordentlich und blüht auch jedes Jahr – leider nur im oberen Bereich. Was kann ich gegen das braune Gestrüpp am Fuß tun?

Solche nur im oberen Bereich belaubten Exemplare sieht man leider recht häufig, weil auf den Kaufetiketten der Gartenhändler meist eine verständlich geschriebene Schnittanleitung fehlt. Gerade die großblütigen Clematis benötigen aber regelmäßig einen Rückschnitt, um eine reiche Verzweigung mit vielen Knospen zu erhalten.

Clematis werden nach ihrem Vegetationszyklus und der Bildung ihrer Blütenanlagen in drei Schnittgruppen unterteilt, die im Idealfall auf dem Pflanzschild notiert sind. Zur Gruppe 1 zählen kleinblütige Arten und Sorten, die vom Spätwinter bis Ende des Frühjahrs blühen und einen gewissen Wildcharakter haben *(Clematis alpina, C. montana, C. macropetala)*. Diese benötigen in der Regel keinen Schnitt. Nur wenn sie durch ihr Wachstum die zugewiesene Fläche überwachsen oder die Triebe zu dicht stehen, kann ausgelichtet und zurückgeschnitten werden. Dies aber nur direkt nach der Blüte. Zu einem späteren Schnittzeitpunkt werden sonst die schon sehr früh gebildeten Knospenanlagen für das nächste Jahr mit abgeschnitten.

Zur Gruppe 2 gehören die Clematis, die im Frühsommer blühen und deren Knospen an Trieben gebildet werden, die den Blattachseln der Vorjahrestriebe entspringen. Diese Gruppe wird im zeitigen Frühjahr geschnitten, jedoch nicht so radikal wie die Gruppe 3. Ein Teil der Triebe wird auf ein Drittel bis oberhalb eines Auges zurückgenommen, einige Triebe werden bis fast auf den Boden zurückgenommen, um den Neuaustrieb an der Basis zu fördern.

Alle Arten und Sorten, die nach dem 15. Juni blühen, werden der Gruppe 3 zugeordnet. Die Blütenknospen dieser Clematis werden an den diesjährigen Trieben gebildet. Daher sollte im zeitigen Frühjahr ein starker Rückschnitt bis auf 2 bis 3 Augen oberhalb des Bodens stattfinden. Unterbleibt dieser, treibt die Pflanze vor allem aus den weiter oben liegenden Augen aus, und die Blütenpracht verlagert sich in luftige Höhen, während der nicht zurückgeschnittene untere Teil blattlos und kahl bleibt.

rechts: Die reich blühende und wüchsige 'Duchess of Albany' gehört zur *Clematis-Texensis*-Gruppe (Schnittgruppe 3) und erreicht leicht eine Höhe von 3 Meter.

6 Unbekannte Schönheiten für den Frühlingsgarten

Ich habe im Gartencenter eine gelb blühende Pflanze gekauft, die sich Hundszahnlilie nennt. Was ist das für ein Gewächs?

Hundszahnlilien *(Erythronium spec.)* sind frühjahrsblühende Liliengewächse, die ihren Namen der Form ihrer Knollen verdanken, die an Hundezähne erinnern. Alle Hundszahnlilien sind Laubwaldbewohner und zieren mit aparten, nickenden Blüten, deren Blätter zum Beispiel bei der einheimischen Art *E. dens-canis* ganz zurückgeschlagen sind, sodass die langen Staubgefäße sichtbar werden. *E. dens-canis* blüht mit weißen bis rosafarbenen Blüten im März und April und wünscht einen humosen, kalkhaltigen Waldboden.

Die gelb blühenden Hybriden ('Pagoda', 'Kondo') und die bezaubernde weiße Sorte 'White Beauty', die seit einigen Jahren vermehrt angeboten werden, sind durch Kreuzung zweier amerikanischer Arten entstanden. Sie werden größer als *E. dens-canis*, ihr Blüteninneres ziert eine braun-rote Zeichnung. Anders als ihre europäischen Verwandten mögen sie keinen Kalk. Auch das Laub der Hundszahnlilien ist sehr dekorativ, bei einigen Arten weist es eine helle Maserung auf, die zu dem anderen Namen Forellenlilie geführt hat. Spätestens Ende Mai sind die Pflanzen wieder eingezogen und überdauern den Sommer geschützt im Boden. Lose Zwiebeln müssen rasch in die Erde, da sie keine schützende Hülle besitzen.

Ebenso wenig bekannt sind die vielen Sorten des heimischen Buschwindröschens *(Anemone nemerosa)*, das im April die Böden ganzer

Laubwälder in Weiß taucht. Sie erscheinen nur für kurze Zeit, tragen aber ganz maßgeblich zu einem gelungenen Frühjahrsaspekt am Gehölzrand bei. Fleißige Gärtner haben über viele Jahrzehnte durch aufmerksames Beobachten verschiedene Sorten in den Handel gebracht. Zum Beispiel die hellviolett blühende 'Robinsoniana', die weiß gefüllte 'Alba Plena' oder die etwas monströse 'Green Fingers', die eine völlig grüne Blüte besitzt. Da die zerbrechlichen, kriechenden Rhizome nicht gut handelbar sind, kauft man Sorten von *A. nemerosa* am besten zur Blütezeit in gut sortierten Staudengärtnereien.

Etwas anspruchsvoller ist die Rautenanemone *(Anemonella thalictroides)*. Auf drahtigen Stielen blüht sie mit zarten rosa Schalenblüten bis in den Sommer hinein, ihr Laub erinnert ein wenig an das der Akelei. Lockerer, humoser Waldboden sagt ihr zu, sie darf aber nicht von Nachbarpflanzen bedrängt werden. Besonders attraktive, gefüllte Auslesen ('Cameo', 'Oskar Schoaf') hält man besser im Topf in einem Alpinenhaus.

Etwas für die Nase und leider auch nur für Menschen mit einem Steingarten in milder Lage ist die gelb blühende Traubenhyazinthe *Muscari macrocarpum*. Die gelblich grünen Einzelblüten sind am Ende violett gefärbt, ebenso wie oftmals die oberen Blüten. Unvergleichlich ist der frische, süße Duft. Wer nicht zu den glücklichen Gärtnern gehört, die *M. macrocarpum* halten können, sollte eine der neueren Sorten der normalen Traubenhyazinthen versuchen. 'Valerie Finnes' blüht in einem unwirklichen Himmelblau über Wochen hinweg, eine Farbe, die man außer bei der Zwiebeliris 'Katherine Hodgkin' kaum findet.

Wer Freude am Besonderen und Spaß am Sammeln hat, dem seien die vielen Auslesen des heimischen Festen Lerchensporns *(Corydalis solida)* ans Herz gelegt. Die Art und ihre Sorten blühen in lichten Laubwäldern schon im März in Schattierungen von Blasslila, Rosa und Ziegelrot.

linke Seite: Die heimische Hundszahnlilie *(Erythronium dens-canis)* ist eine aparte Schönheit für den lichten Gehölzrand oder ein kleines Waldbeet.
rechte Seite: *Muscari macrocarpum* bringt Duft in den Frühlingsgarten.

7 Narzissen und Co. für Terrasse und Balkon

Meine Zwiebelpflanzen (Krokusse, Osterglocken, Tulpen) in den Balkonkästen sind verblüht. Wie kann ich sie weiterpflegen, damit sie im nächsten Jahr wieder blühen?

In der gesamten Wachstumsperiode bis nach der Blüte benötigen Zwiebelpflanzen in Gefäßen eine ausreichende Versorgung mit Wasser und Nährstoffen. Nach dem Abblühen der Zwiebeln in Kübeln und Töpfen sollte noch weiter gegossen und mit einem phosphor-kalibetonten Dünger flüssig gedüngt werden. Gerade diese Nährstoffe werden von der neu gebildeten Zwiebel zur Blütenbildung benötigt.

Die Pflanzen müssen auch, bis ihre Blätter eingezogen sind, ungestört bleiben. Gräbt man sie im belaubten Zustand aus, werden oft die aktiven Wurzelspitzen verletzt. Die Pflanzen sind jedoch nicht in der Lage, neue Wurzeln auszubilden, und die Versorgung mit Wasser und Nährstoffen ist unterbrochen. Der Vorgang der Einlagerung wird verhindert, und die Zwiebeln werden auf Dauer geschwächt. Auch das vergilbende Laub hat noch seine Daseinsberechtigung. Wichtige Inhaltsstoffe aus den Blättern werden in die Zwiebel zurückverlagert und in Reservestoffe umgebildet. Daher darf man das Laub erst nach dem Einziehen abschneiden.

Die abgeblühten Blüten werden entfernt, die Samenproduktion kostet die Pflanzen nur unnötig Kraft. Ausnahme sind ausgepflanzte Massenblüher, wie Schneeglöckchen, Blaustern, Winterling und Co. Diese Pflanzen können durch Versamung in einigen Jahren viele Hundert neue Exemplare bilden und so im Frühling zu richtigen Massenblühern werden.

Zwiebelpflanzen in Töpfen sollten jedes Jahr in neue Erde umgetopft werden. Die beste Zeit dafür ist Juli/August, dann sind die neuen Zwiebeln fertig ausgebildet, aber das Wurzelwachstum hat noch nicht eingesetzt. Eine Ausnahme stellen Traubenhyazinthen dar: Diese haben fast das ganze Jahr über Wurzeln und müssen sehr vorsichtig umgesetzt werden.

Will man Narzissen & Co. in Töpfen halten, muss für einen zügigen Abfluss von überschüssigem Wasser gesorgt werden. Staunässe führt zum Faulen der Pflanzen. Auf das Abzugsloch legt man daher eine 2 bis 3 Zentimeter dicke Drainageschicht aus grobem Material (Kies, Tonscherben, Blähton) und füllt darauf das Substrat. Optimal sind lehmhaltige Substrate, die mit grobem Sand oder Splitt durchlässig gemacht werden. Die Zwiebeln werden entsprechend ihrer Größe so tief gelegt, dass eine Erdschicht von zwei- bis dreifacher Zwiebelstärke über ihnen

aufgefüllt werden kann. Bei gekaufter Pflanzerde genügen zunächst die vorhandenen Nährstoffe für die Wurzelbildung und den ersten Austrieb. Die weitere Düngung erfolgt entweder flüssig (Dünger mit einem hohen Phosphor- und Kaliumanteil) oder man mischt dem Substrat eine kleine Menge langsam wirkenden Dünger zu (etwa einer Mischung aus Knochen- und Blutmehl oder Osmocote).

oben: Eine ungewöhnliche Narzissenwiese mit Reifrocknarzissen *(Narcissus bulboco-dium)* und Buschwindröschen *(Anemone nemerosa)*, die nur in milden Lagen auf durchlässigen Böden angelegt werden kann.

8 So blühen Tulpen immer wieder

Ich erlebe jedes Jahr das Gleiche: Im Herbst pflanze ich Tulpen, im Frühjahr blühen sie, und im nächsten Jahr stehen allenfalls noch ein paar Stiele. Was kann ich tun?

Tulpen benötigen unter den Zwiebelpflanzen eine Sonderbehandlung. Sie blühen nur wirklich gut an sonnigen Plätzen auf nahrhaften, aber durchlässigen Böden und benötigen im Sommer einen trockenen und warmen Standort, den man ihnen in unseren Breiten meist nicht bieten kann, es sei denn in einem gut drainierten Bereich des Steingartens.

: GEWUSST WELCHE

Großblütige Tulpen, die zuverlässig wieder blühen:

+ 'Golden Apeldorn', leuchtend gelb
+ 'Orange Emperor', orange
+ 'Mount Tacoma', weiß gefüllt
+ 'Orange Bouquet', mehrblütig orange
+ 'White Triumphator', weiß
+ 'Spring Green', grün-weiß
+ 'Toronto', orange-rot

Daher nimmt man am besten die Tulpenzwiebeln nach dem Laubeinzug auf und lagert sie trocken in Sand eingeschlagen z. B. in der Garage. Außerdem benötigen Tulpen eine Extraportion Phosphor und Kalium. Arbeiten Sie daher mit dem Blattaustrieb nach Vorschrift Patentkali in den Boden ein. Will man sich diese Arbeit nicht machen, lohnt folgender Versuch: Man kombiniert in einem sonnigen Beet Tulpen mit Sommerblühern, die aus den Steppen Nordamerikas stammen (siehe S. 99). Zur Ruhezeit der Tulpen stehen diese Stauden in Saft und Kraft und entnehmen dem Boden die für Tulpen schädliche überschüssige Feuchtigkeit.

Allerdings gibt es auch blühwillige Ausnahmen bei der Gattung *Tulipa*. Unter den Hunderten von Tulpen finden sich solche, die nahezu problemlos jedes Jahr wiederkommen. Dazu gehören z. B. die hübschen kleinblütigen Wildarten *Tulipa turkestanica* und *T. tarda* sowie die Züchtung *T. linifolia* 'Bright Gem'.

In einer an vier europäischen Standorten durchgeführten Untersuchung zur Langlebigkeit von Tulpen und anderen Zwiebelpflanzen konnte außerdem eine ganze Reihe großblütiger Tulpenzüchtungen durch regelmäßige Blüte überzeugen.

rechts: Sehr apart wirken Tulpen mit gefransten Blütenblättern, hier die Sorte 'Arma'. Obwohl es keine Neuzüchtungen sind, wurden sie inzwischen in einer eigenen Klasse zusammengefasst.

9 Schöner Rasen braucht viel Pflege

Wir überlegen, unseren vermoosten und lückenhaften Rasen komplett neu anzulegen. Wie gehen wir dabei am besten vor, und was halten Sie von Rollrasen?

Kaum ein Thema beschäftigt die Gärtner mehr als ihr Rasen. Möglichst dicht gewachsen soll er sein, außerdem saftig grün und frei von Unkräutern. Die Neuanlage eines Rasens ist während der gesamten Wachstumszeit möglich, ideal sind aber das Frühjahr und der Spätsommer, weil dann die Gefahr des Austrocknens der frisch gekeimten Gräser geringer ist.

Zunächst muss der gesamte Pflanzenbewuchs samt Wurzeln entfernt werden. Bei dieser Gelegenheit werden auch alle Steine abgesammelt. Anschließend wird der Boden mit einem Dreizack tiefgründig aufgelockert, bei größeren Flächen lohnt sich der Einsatz einer Bodenfräse. Der Rasen braucht 10 bis 15 Zentimeter lockeres, durchwurzelbares Substrat. Schwere Böden werden mit grobem Sand abgemagert und sandige Böden mit Kompost aufgewertet. Anstehende Senken werden mit sandigem Boden verfüllt und Erhöhungen abgetragen. Zum Vermischen von Sand und Boden und gleichzeitigem Zerkleinern gröberer Brocken eignet sich ein sogenannter Krümler – so entsteht ein optimales Saatbett. Nach dem Mischen wird die Fläche mit einem Rasenrechen glatt abgezogen und säuberlich eingeebnet. Ganz neu aufgetragene Böden sollten nun einige Wochen ruhen, damit sich der Boden setzen kann. So können entstandene Unebenheiten nachträglich ausgeglichen und neu keimende Unkrautsamen entfernt werden.

linke Seite: So wünschen sich die meisten Gartenbesitzer ihren Rasen: ein ebenmäßiger, grüner Gräserteppich.
rechte Seite: Und so sieht die Wirklichkeit häufig aus: Moos und Kräuter verdrängen die Rasengräser.

Im nächsten Schritt wird das Saatgut ausgebracht, am besten mit einem Streuwagen. Er erleichtert die genaue Dosierung und gleichmäßige Aussaat (als Richtwert gilt: 25 Gramm je Quadratmeter). Anschließend wird auf die gleiche Weise quer zur Aussaatrichtung ein spezieller Starterdünger ausgebracht, der das Anwachsen der jungen Gräser beschleunigt. Mit dem Rasenrechen werden Saatgut und Dünger leicht in den Boden einmassiert, dann wird die gesamte Fläche mit Torf oder einem ähnlichen Material (z. B. Blumenerde oder fein gesiebtem Kompost) dünn bestreut und durchgeharkt. Torf oder Blumenerde dienen als Indikator für Trockenheit, weil sie sich bei Wasserverlust sofort hell verfärben. Außerdem schützt man so die Samen vor Vogelfraß. Die Fläche wird entgegen alter Lehrmeinung nicht angewalzt. Die Oberfläche würde durch Walzen sehr glatt werden, mit der Folge, dass bei stärkerem Regen Saatgut und Boden zusammengeschwemmt werden und unschöne Kahlstellen entstehen. Wenn die ersten Grassamen gekeimt sind, darf der Boden nicht mehr austrocknen.

Auf die Hälfte heruntergemäht wird der junge Rasen erst, wenn die Gräser 10 Zentimeter lang geworden sind. Scharfe Messer sind besonders bei den ersten Mahden wichtig, damit die jungen Pflanzen, die ja noch wenig verwurzelt sind, nicht herausgerissen werden.

Der Rollrasen ist eine nicht ganz preiswerte Alternative, um rasch zum grünen Teppich zu kommen. Der Boden ist genauso wie für die Aussaat vorzubereiten. Die Rollen werden anschließend Stoß an Stoß verlegt, wobei man die Quernähte zueinander versetzt. Erst dann werden alle Kanten sauber geschnitten. Für einen guten Bodenkontakt wird Rollrasen immer angewalzt und beregnet. Die Fläche sollte für etwa 10 Tage nicht betreten und alle 2 Tage durchdringend gewässert werden, an heißen Tagen sogar täglich. Der erste Schnitt erfolgt nach dem 10. Tag.

10 Lenzrosen – Stars im zeitigen Frühling

Ich habe aus England Samen von Lenzrosen erhalten. Wann kann ich diese am besten aussäen? Brauchen die Samen Frost?

Die Samen von Lenzrosen, die heute als *Helleborus x hybridus* bezeichnet werden, benötigen zwar keinen Frost, gehören aber zu den Kaltkeimern und sollten einige Wochen Temperaturen zwischen 5 und 8 °C ausgesetzt sein. Zuvor müssen die Samen jedoch über mehrere Wochen hinweg bei Temperaturen oberhalb von 18 °C quellen können. So läuft auch die Aussaat am Naturstandort ab. Am besten sät man im Sommer an einer halbschattigen Stelle in gute Gartenerde. Die Samen müssen mit etwas Erde abgedeckt werden, *Helleborus* gehören zu den Dunkelkeimern. Die Keimung erfolgt unregelmäßig während des Winters. Mit Erscheinen des ersten echten Blatts sollte vereinzelt werden. Bei Topfaussaat sind ein durchlässiges Substrat und tiefe Töpfe wichtig, da die Keimlinge rasch eine tief gehende Keimwurzel ausbilden. Die Töpfe müssen im Winter in einem kühlen Gewächshaus stehen, da die Jungpflänzchen durch ständiges Frieren und Tauen leiden.

Nach 3 Jahren werden die ersten Pflanzen blühen. Man sollte sich dann aber nicht wundern, wenn die Nachkommen anders gefärbt sind als die Eltern, denn die heutigen farbenprächtigen Lenzrosen, die vor einigen Jahren noch als *Helleborus-Orientalis*-Hybriden bezeichnet wurden, sind das Ergebnis umfangreicher Züchtungen. Diverse der etwa 20 Arten sind im Laufe der Zeit in die kleinasiatische *H. orientalis* eingekreuzt worden, sodass die Ahnen einer Pflanze nicht mehr eindeutig zugeordnet werden können.

Lenzrosen bereichern jeden Garten zu Beginn des Frühjahrs. Zu dieser Zeit sind sie die Stars, da es kaum andere große Blüten gibt. Sie bieten reichlich Pollen und Nektar, also Nahrung, die von Bienen und Hummeln begierig gesucht wird. Ihre Blüten sind ausnehmend haltbar, denn der auffällige Schauapparat der *Helleborus*-Blüten wird nicht von echten Blütenblättern gebildet, sondern von den Kelchblättern. Die Blütenblätter selbst sind zu tütenförmigen, nektarhaltigen Blättchen umgebildet und fallen nach der Befruchtung sehr schnell ab. Die Kelchblätter dagegen halten wochenlang und verfärben sich allmählich in attraktive Grüntöne.

Moderne Züchtungen begeistern mit Farben von reinem Weiß über Gelb und Apricot hin zu allen Rosaschattierungen. Manche Blüten sind zusätzlich rot gepunktet. Besonders extravagant und ein wenig düster wirken Blüten mit nahezu schwarzen Kelchblättern. Noch selten sind gefüllte und halbgefüllte Formen. Auch das ledrige dunkelgrüne Laub ist attraktiv und zudem häufig wintergrün. Spätestens wenn die Blütenstiele anfangen zu wachsen, sollten die alten Blätter jedoch entfernt werden.

links: Moderne Lenzrosenblüten in ihren vielen Schattierungen und Zeichnungen sind kleine Kunstwerke der Pflanzenwelt.

Die meisten der modernen Hybriden sind einfach zu pflegen. Wichtig ist ein lockerer, gut belüfteter, tiefgründiger Boden, der im Idealfall lehmig-humos ist und leicht sauer bis leicht alkalisch reagiert. Sehr saure Moorböden und Sandböden sind ungeeignet. Kalk in größeren Mengen ist für die Hybriden, anders als für *Helleborus niger* (die echte Christrose), nicht zwingend notwendig. Gelegentliche Kalkgaben sind sicherlich förderlich, wichtiger ist aber die Struktur des Bodens. Wer einmal das Wurzelwerk eines alten *Helleborus*-Horstes gesehen hat, weiß, wie tief die Wurzeln reichen können. So schaffen es die Pflanzen, gut über einen trockenen Sommer zu kommen. Ein halbschattiger Ort ist optimal, jedoch mit Schutz vor Morgensonne im Winter und Frühjahr.

: GEWUSST WIE

Pilzkrankheiten bekämpfen

Gelegentlich werden Lenzrosen von verschiedenen Pilzen befallen. Wenn schwarze oder braune Flecken am Laub auftreten, sollten diese Blätter, oder zumindest die befallenen Teile, rigoros entfernt werden. Bei sehr starkem Befall muss mit einem Pilzmittel behandelt werden. Da unterschiedliche Pilze an *Helleborus* auftreten können, sollte man sich im Einzelfall beraten lassen. Stickstoffbetonte Düngung fördert Pilzbefall und sollte unterbleiben. Hilfreich ist eine Mulchschicht aus reifem Kompost oder Laubkompost.

11 Im Sommergarten Akzente setzen

Ich bin auf der Suche nach einjährigen Sommerblumen. Was können Sie empfehlen?

Einjährige Blumen sind sehr vielfältig. Sie lassen den Sommergarten farbenfroh leuchten, setzen Akzente zwischen den Stauden, eignen sich als Beet- oder Wegeinfassung und beranken Zäune. Und so manche einjährige Sommerblume verschönert sogar den Nutzgarten oder lässt Kübel und Kästen erblühen. Man kann schon im ausgehenden Winter mit der Anzucht beginnen, spätestens Mitte April aber sollten die meisten Samen ausgesät sein. Durch das Vorziehen erreicht man einen beträchtlichen Vorsprung gegenüber den direkt ins Beet ausgesäten Sommerblumen.

Das Sortiment im Fachhandel ist sehr vielseitig. Für die frühe Aussaat lohnen sich Hahnenkamm *(Celosia argentea)*, Buntnessel *(Coleus Blumei*-Hybriden*)*, Glockenrebe *(Cobaea scandens)*, Kapuzinerkressse *(Tropaeolum majus)*, Spinnenblume *(Cleome hassleriana)*, Petunie, Feuersalbei *(Salvia splendens)*, Bechermalve *(Lavatera trimestris)* und Eisenkraut *(Verbena)*. Die Aussaat erfolgt am besten in flachen Schalen oder Holzkistchen, die man mit gesiebter, spezieller Aussaaterde aus dem Fachhandel füllt. Die Samen gleichmäßig dünn ausstreuen, etwas Erde darüber sieben und anschließend mit einer Blumenspritze einsprühen – nicht angießen, sonst entstehen tiefe Löcher und die Samen werden weggeschwemmt. Anschließend wird die Aussaatkiste mit einer Glasscheibe oder Kunst-

linke Seite: Der Kugelamaranth *(Gophrena globosa)* gedeiht an sonnigen Plätzen zusammen mit anderen Strohblumen.
rechts oben: Kapuzinerkresse blüht unermüdlich bis zum ersten Frost.
rechts unten: Die Spinnenblume ist eine exotisch anmutende Füllpflanze für die Staudenrabatte.

stofffolie abgedeckt, damit die Erde nicht austrocknet. Sind die Sämlinge so groß, dass man sie gut greifen kann, werden sie vorsichtig einzeln in kleine Töpfe mit normaler Blumenerde verpflanzt, wo sie sich ungestört entwickeln können. Besonders anwenderfreundlich sind Blumenmischungen, die als Saatbänder angeboten werden. Hier ist der richtige Abstand zwischen den Pflanzen bereits vorgegeben.

Ausgepflanzt wird im Mai, wenn die Frostgefahr vorüber ist. Doch zunächst sollte man die Pflänzchen allmählich abhärten: Tagsüber werden sie draußen der Witterung und vor allem der Sonne ausgesetzt, nachts aber vor zu großer Kälte und vor allem Frost zum Beispiel mit einem Vlies geschützt.

Im Beet beschränkt sich die weitere Pflege auf gelegentliches durchdringendes Wässern, wenn es längere Zeit sehr trocken ist. Sommerblumen in Schalen oder Kästen müssen meist täglich gegossen und zusätzlich regelmäßig gedüngt werden. Verblühtes sollte immer wieder ausgeputzt werden. So werden keine Samen gebildet, was eine stärkere Blütenbildung zur Folge hat. Wer immer mal wieder einen bunten Strauß für die Vase erntet, regt die Pflanzen zu üppiger Blüte an.

12 Im Gartenteich sorgen Mikroorganismen für Sauberkeit

Vor vier Wochen habe ich mein Teichbecken mit dem Hochdruckreiniger blitzblank gesäubert, und schon wieder kann man nichts mehr im Wasser erkennen. Es hat sich dunkelbraun verfärbt. Gibt es eine Erklärung dafür? Einen Filter habe ich bisher nicht gebraucht.

Gartenteiche sind empfindliche Ökosysteme, die schon durch geringe Änderungen der Umweltbedingungen aus dem Gleichgewicht geraten können. Der Hochdruckreiniger ist eine massive und zudem unnötige Störung. Bedenken sollte man, dass von Pflanzen und Tieren besiedelte Gartenteiche nur selten kristallklares Wasser aufweisen. Dennoch kann man einiges tun, um die geschilderte Algenblüte zu vermeiden.

Bei Reinigungsarbeiten und Wasserwechseln sollte man immer mehrere Dutzend Liter sauberes Teichwasser aufbewahren und nach der Befüllung wieder zugeben. Damit rettet man einen Teil der Mikroben und Wassertierchen (sogenanntes Zooplankton), die sich von Algen und Trübstoffen ernähren und somit das Teichwasser säubern. Ein Wasseraustausch ist aber nur sehr selten notwendig. Im Handel gibt es Zubehör, mit dem man Schlamm und Faulendes vom Teichgrund absaugen kann. Der beste Zeitpunkt dafür ist das Frühjahr. Dann werden auch abgestorbene Wasserpflanzen entfernt und Röhrichtpflanzen zurückgeschnitten. 1 bis 2 Wochen später dürfte das Wasser wieder klar geworden sein. Ist dies nicht der Fall, dann ist der Teich meist mit Fischen besetzt. Denn das Zooplankton steht auch auf dem Speiseplan der Fische. Ideal für Fischteiche wäre ein kleines, separates, vom Teichwasser durchströmtes Filterbecken, wo sich die Wassertierchen von den

linke Seite: Seerosen sind die Königinnen unter den Teichpflanzen.
rechte Seite: Die Blaue Sumpf-Schwertlilie *(Iris versicolor)* stammt aus Nordamerika und ist eng verwandt mit unserer heimischen Gelben Sumpf-Schwertlilie *(I. pseudacorus)*.

Fischen ungestört ausbreiten können.
Regelmäßig gefütterte Fische tragen reichlich Nährstoffe ins Teichwasser ein. Wenn die Filteranlage gut funktioniert, bleiben immer noch die Grundbausteine der Nährstoffe gelöst im Wasser übrig. Werden sie nicht entfernt, nutzen Algen diesen Nährstoffüberschuss. Die häufig propagierten UV-Lampen zum Abtöten der Schwebalgen lösen nicht das Problem und können zudem das Wachstum von Fadenalgen nicht verhindern. Diese sind besonders gefürchtet, weil sie Filter und Teichpumpen verstopfen und lahmlegen können.

Wasserpflanzen sind das probate Mittel, um Nährstoffe zu binden, deshalb sollte man sie auch in das Filterbecken einsetzen. Als Unterwasserpflanze hat sich vor allem das Glänzende Laichkraut *(Potamogeton lucens)* bewährt. Davon sollten mindestens 4 Büschel je 1000 Liter Wasser eingesetzt werden. Zusätzlich kommen noch Wasserfeder *(Hottonia palustris)*, Wasserhahnenfuß *(Ranunculus aquatilis)* und Moos-Dickblatt *(Crassula tillaea)* in Frage. In kalkhaltigem Wasser kommen auch Armleuchteralgen *(Chara)* gut zurecht. Sie ähneln Wasserpflanzen und sind keinesfalls schädlich. Als Sumpfpflanzen eignen sich Sumpf-Schwertlilien wie *Iris pseudacorus, I. laevigata* und *I. versicolor.* Außerdem dürfen auch Zwergrohrkolben *(Typha minima)* und Schwanenblume *(Butomus umbellatus)* nicht fehlen. Sie alle binden im Wasser gelöste Nährstoffe und entziehen den Algen die Nahrungsgrundlage.

Bei allen Teichen müssen der Zufluss von Niederschlagswasser, der Einfall von Laub und das Einschwemmen nährstoffreicher Gartenerde aus der Uferzone vermieden werden, da auf diese Weise einem Teich unerwünscht Nährstoffe zugeführt werden.

13 Wenn der Bambus nicht zu bremsen ist

An unseren Gartenteich haben wir einen Bambus gepflanzt. Jetzt kommen die Wurzeln schon unter dem Teich hervor, und wir haben Angst, dass die Folie durchbohrt wird. Treibt aus den Wurzeln ein neuer Bambus, wenn wir die Mutterpflanze ausgraben?

Das Roden der Mutterpflanze alleine wird nicht den gewünschten Effekt bringen. Da es sich um einen Ausläufer bildenden Bambus handelt, wird er aus den verbliebenen Wurzeln schnell wieder regenerieren, die Angst um die Teichfolie ist somit berechtigt. Solche Bambusarten haben einen ungebremsten Ausbreitungsdrang und bilden durch Ausläufer, die den unterirdischen Rhizomen entspringen, dichte Haine. Nur durch spezielle Schutzvorkehrungen aus dickem Kunststoff (Rhizomsperren), die bis zu 70 Zentimeter tief in den Boden eingegraben werden, lassen sich solche Bambusarten im Zaum halten. Regelmäßiges Abschneiden neuer Halme führt jedoch auf Dauer zu einer Schwächung der Pflanze, und sie stirbt ab.

Daher sollte man sich beim Kauf eines Bambus nicht nur von den eleganten Halmen beeindrucken lassen, sondern genau nachfragen, wie das Wuchsverhalten der gewünschten Sorte ist. Generell haben alle hohen Bambusarten und -sorten (5–10 Meter) solche Ausläufer; man nennt sie Hain bildend. Hierzu gehört die Gattung *Phyllostachys*. Bei den mittelhohen Bambussen finden sich dagegen die Horst bildenden Arten und Sorten von *Fargesia*. Am bekanntesten ist *Fargesia murielae*, der in den 90er Jahren blühte und dann innerhalb weniger Jahre abstarb. Von ihm sind wieder viele neue Namenssorten im Handel, und man hofft, dass sie in den nächsten Jahrzehnten nicht wieder blühen werden.

Niedrige und bodendeckende Bambusse wachsen in der überwiegenden Zahl flächendeckend (*Sasa, Pleiobastus* u. a.). Wo das gewünscht wird, kann der Effekt ganz bezaubernd sein, doch an falscher Stelle, z. B. am Rand einer Terrasse, wird der Gärtner seine Entscheidung bald bereuen, wenn die Halme überall aus den Ritzen herauswachsen.

Bambusse sind recht pflegeleicht, wenn ihnen ein zusagender Platz und der richtige Boden geboten werden. Die Erde muss locker, sandiglehmig bis humos und unbedingt wasserdurchlässig sein, mit einem pH-Wert im leicht sauren bis neutralen Bereich (5,5 bis 7). Ein zu trockener Boden führt zum Einrollen der Blätter. Der Standort sollte windgeschützt, luftfeucht und sonnig bis halbschattig sein, niedrige Arten vertragen

links: Solch ein Ausläufer bildender Bambus aus der Gattung *Sasa* kann an der richtigen Stelle mit seinen breiten Blättern sehr dekorativ wirken.

rechts: Bambus wirkt nicht nur durch seine Belaubung, einige Arten warten auch mit wunderschönen Halmstrukturen auf.

auch etwas mehr Schatten. Bei Trockenheit sollte durchdringend gewässert werden.

Gepflanzt wird Bambus immer als Ballen- oder Containerware. Ideal ist die Zeit von März bis Oktober (in kalten Gebieten besser bis September). Nach dem Pflanzen darf der Ballen für die nächsten Monate nicht austrocknen, bis die Wurzeln einen Weg in das anstehende Erdreich gefunden haben.

Da Bambusse, insbesondere die Ausläufer bildenden Arten, viel Blattmasse produzieren, benötigen sie eine gute Nährstoffversorgung, vor allem ausreichende Mengen an Stickstoff. Ausgepflanzte Exemplare bekommen im Frühjahr einen Langzeitdünger, Kübelbambusse werden von April bis August wöchentlich flüssig gedüngt.

Im Winter gibt man in kalten Lagen auf den Wurzelbereich eine Lage trockenes Laub, das mit Tannenreisig festgehalten wird. Gegen austrocknende Ostwinde hilft ein Frostschutzvlies. An frostfreien Tagen sollte auch im Winter gewässert werden, denn vor allem noch nicht eingewachsene Exemplare vertrocknen sonst. Bambusse in Kübeln dürfen nicht durchfrieren und müssen regelmäßig gegossen werden, sonst sind sie im Frühjahr vertrocknet.

14 Küchenkräuter für schattige Ecken

Unser Garten ist fast vollständig beschattet, wenngleich auch nicht wirklich dunkel. Es fällt aber nur wenig direkte Sonne hinein. Welche Küchenkräuter könnten wir hier anbauen?

Entgegen der häufigen Annahme, Kräuter seien ausnahmslos Sonnenanbeter, gibt es eine ganze Reihe von Kräutern, die ebenso gut oder sogar besser im lichten Schatten gedeihen.

Natürlich sollten die Startvoraussetzungen optimal sein. Der beste Boden für diese Vertreter ist ein durchlässiger, gut humusversorgter Gartenboden mit einem pH-Wert im neutralen Bereich (6 bis 7). Zu saure Böden sollten im Spätwinter aufgekalkt werden. Als Düngergabe reicht Kompost aus, denn die Kräuter sollen nicht riesige Mengen an Blättern, sondern besonders aromatisches Laub produzieren.

Welche Kräuter passen hierher? Nun, im Schatten lassen sich alle Kandidaten für die echte Frankfurter Soße anbauen. Vom Sauerampfer *(Rumex acetosa)*, einer mehrjährigen Pflanze, werden die Blätter, die dem Namen entsprechend eine pikante Säure besitzen, geerntet und für Dips und Soßen verwendet. Die Blätter sollten nur bis zur Blüte im Mai bis Juni gepflückt werden, da die Pflanze später sehr viel Oxalsäure enthält und der Geschmack leidet. Die Pimpinelle *(Sanguisorba minor)* ist ebenfalls eine Staude; die Blätter mit eher zartem, leicht nussigem Geschmack sollten nur kurz mitgekocht werden.

Petersilie *(Petroselinum crispum)* und Schnittlauch *(Allium schoenoprasum)* sind zwei Klassiker und gehören zu den in deutschen Küchen am meisten verwendeten Kräutern. Schnittlauch

linke Seite: Von blühendem Borretsch wird auch das Auge angesprochen.
rechte Seite: Überwiegend wird bei uns noch die klassische krause Petersilie angebaut, doch auch die glattblättrigen Sorten finden immer mehr Anhänger.

wächst ebenfalls mehrjährig und kann einfach durch Aufteilen der Horste vermehrt werden. Wenn die Pflanzen zur Blüte kommen, schneidet man die Stiele knapp über dem Boden ab und kann ein paar Wochen später wieder wie gewohnt ernten. Wer einen kühlen Platz in einem nicht zu warmen Wintergarten hat, kann zudem im Spätherbst ein Stück Schnittlauch ausgraben und eintopfen. Unter geschützten Bedingungen hat man so den ganzen Winter über frisches Grün.

Mit der Petersilie ist es so eine Sache. Sie ist zweijährig, muss also immer neu ausgesät werden. Doch in manchen Gärten verweigert sie sich. Petersilie darf nicht nach sich selbst gesät werden, ebenso nicht an Plätzen, auf denen vorher Doldenblütler standen. Späte Aussaat im August vermindert das Risiko des Totalausfalls und erlaubt eine Ernte über 2 Jahre hinweg.

Kerbel *(Anthriscus cerefolium)* ist solch ein Doldenblütler, seine zarten, leicht nach Lakritz schmeckenden Blätter sollten nie gekocht werden. Kerbel erhält sich durch Selbstausaat, wenn man nicht zu viel in den Beeten hackt.

Ein Schmuckstück ist der Borretsch *(Borago officinalis)* mit seinen himmelblauen Blüten im Sommer. Das auch Gurkenkraut genannte Kraut

wird in Salaten und Suppen verwendet, sollte aber aufgrund seiner lebertoxischen Inhaltsstoffe nur gelegentlich verzehrt werden. Borretsch erhält sich durch Selbstaussaat und kann seiner Pfahlwurzeln wegen schlecht umgesetzt werden.

Das siebte Kraut der Frankfurter Soße ist die Zitronenmelisse *(Melissa officinalis)*, ein Lippenblütler aus Südeuropa. Mit ihrem Zitrusaroma verfeinert sie salzige und süße Speisen, und aus ihren Blättern kann man einen aromatischen Tee bereiten. An passenden Plätzen bilden sich große, staudige Horste, die Pflanze kann allerdings durch Selbstaussaat lästig werden. Daher sollten Sämlinge an unpassenden Stellen bald gejätet werden. Vor allem in Kübeln bilden sich kräftige, drahtartige Wurzeln, mit denen sich die Zitronenmelisse gegen das Ausreißen wehrt.

15 Basilikum den ganzen Sommer lang

Im Supermarkt kaufe ich immer wieder Basilikumtöpfe, die ich, wenn sie abgeerntet sind, wegwerfe. Könnte ich sie auch länger kultivieren?

Es geht auch anders. Von einem einzigen gekauften Topf kann man den ganzen Sommer über Basilikum *(Ocimum basilicum)* ernten. Dazu müssen die Pflänzchen in einen Balkonkasten mit frischer Blumenerde umgesetzt werden. Doch zunächst wird um 2 bis 3 Blattpaare je Pflanze zurückgeschnitten. Dann den Plastiktopf entfernen und den Wurzelballen vorsichtig in 4 bis 5 Tuffs aufteilen. Jedes Pflänzchen muss einige Wurzeln behalten, sonst stirbt es ab. Die Teilstücke werden dann auf den Kasten verteilt, eingepflanzt und angegossen. Die beste Zeit dafür ist Mitte bis Ende Mai, wenn die Frostgefahr endgültig vorüber ist. Der Basilikumkasten muss nach draußen – drinnen auf der Fensterbank ist es zwar warm, aber nicht hell genug. Ideal ist ein vollsonniger, geschützter Platz, am besten nahe der Hauswand.

Der Wasserbedarf von Basilikum hängt von der Witterung ab: Bei Hitze wird reichlich gegossen, bei kühler Witterung bewahrt man den Kasten lediglich vor dem Austrocknen. Gedüngt wird einmal wöchentlich mit 3 Milliliter Flüssigdünger je Liter Wasser. Das Einfachste ist aber, zu Beginn Langzeitdünger ins Substrat zu mischen. Etwa 2 Wochen lang bilden sich zunächst nur neue Wurzeln, dann setzt allmählich das Triebwachstum ein. Das Geheimnis einer Dauerernte während des ganzen

links: Das weitverbreitete ‘Genoveser’ Basilikum ist mit seinen großen Blättern sehr ergiebig.

Sommers besteht in der richtigen Erntetechnik: Laufend müssen die Triebspitzen ausgeknipst werden. Das zwingt die Pflanze dazu, sich stark zu verzweigen – viele neue, duftende Basilikumblätter sind der Lohn. Pflückt man hingegen nur die Blätter ab, ohne den Trieb zu entfernen, kommt Basilikum rasch zu Blüte. Neue Blätter werden dann nicht mehr gebildet, die älteren werden derb und verlieren ihren guten Geschmack. Man kann den Pflanzen sogar ansehen, wann die Blütenbildung einsetzt. Je nach Sorte geschieht das nach 8 bis 10 Nodien (Knoten mit Blattpaaren). Sollte doch mal ein Blütenstand erscheinen, knipst man einfach 3 bis 4 Nodien darunter ab. Anschließend bildet die Pflanze wieder frische Blätter. Ist es sonnig und warm, produziert solch ein Kasten schon mal mehr, als in der Küche benötigt wird. Dann friert man überschüssige Blätter einfach für den Winter ein. Der Gefrierbeutel wird dazu locker gefüllt. Wenn es im Herbst für längere Zeit unter 10 °C kalt wird, fängt Basilikum an zu kränkeln, und die Saison ist beendet.

Am häufigsten wird das 'Genoveser' Basilikum angeboten. Aber warum nicht mal eine der vielen anderen Sorten ausprobieren? Im Handel gibt es entsprechendes Saatgut von Sorten mit anderen Geschmacksrichtungen. Etwa würziges Zitronenbasilikum, Anisbasilikum mit einem pikanten Anisgeschmack oder sogar Zimtbasilikum. Anfang April ist der richtige Zeitpunkt, Basilikum in Töpfe auf der sonnigen Fensterbank auszusäen.

: GEWUSST WIE

Basilikumpesto

Zutaten:

2 große Bund Basilikum
1 kleines Bund Petersilie
1 Knoblauchzehe
70 g geröstete Pinienkerne (ersatzweise Cashewnüsse)
ca. 70 g frisch geriebener italienischer Hartkäse (Parmesan oder Pecorino)
200 ml gutes Olivenöl

Zubereitung:

Alle Zutaten etwa 1 Minute lang im Mixer zerkleinern. Mit Pfeffer, Salz und Zitronensaft abschmecken. Pesto schmeckt herrlich zu heißen Spaghetti.

16 Feuchte Sommer fördern Infektionen

An meinem Apfelbaum entdecke ich jedes Frühjahr kleine braune Flecken auf den jungen Blättern, die während der Saison immer größer werden. Schließlich fallen viele Blätter vorzeitig ab. Um welche Krankheit könnte es sich handeln?

Es handelt sich mit großer Wahrscheinlichkeit um den Apfelschorf *(Venturia inaequalis)*. Dieser Pilz ist Verursacher einer der häufigsten Kernobstkrankheiten und kann in niederschlagsreichen Jahren bei empfindlichen Sorten regelrecht epidemisch auftreten. Leider gehören zu diesen Sorten so beliebte Äpfel wie 'Golden Delicious' und 'Gloster'. Der Pilz befällt nicht nur die Früchte, sondern auch die Blätter und Triebe. Durch vorzeitigen Blattfall wird der Baum zusätzlich nachhaltig in seiner Entwicklung gestört.

Infektionsquelle für den Schorf ist infiziertes Falllaub, auf dem bei feucht-warmer Witterung im Frühjahr Sporen frei werden, die die ersten frischen Blättchen infizieren. Auf den Blättern bilden sich nadelkopfgroße braune Flecken, die weiterwachsen und zusammenfließen. Der »Schorf« zerstört die Blattmasse und verhindert die Photosynthese und Assimilation. Auf den Blattflecken bilden sich Sommersporen, die nachfolgend weitere Blätter und junge Früchte infizieren. Besonders in feuchten Sommern mit länger anhaltenden Regenphasen werden neue Infektionen gefördert. Auf den Früchten erkennt man den Schorf zunächst an grauen Flecken, die sich langsam ausdehnen und schließlich die typische verkorkte Oberfläche ausbilden. Schorfige Äpfel sind anfällig für Fäulnis und nur bedingt lagerfähig.

Die Bekämpfung erfolgt im Privatgarten in erster Linie durch Hygiene- und Schnittmaßnahmen. Infiziertes Falllaub und schorfige Früchte sollten aufgelesen und vernichtet werden. Sie dürfen nicht auf den Kompost gegeben werden. Ein luftiger Schnitt im ausgehenden Winter sorgt für eine offene Krone. So können Blätter und Triebe schnell abtrocknen. Eine alte Schnittregel besagt, dass man durch eine gut geschnittene Obstbaumkrone einen Hut werfen kann – und zwar auch im Sommer.

Empfindliche Sorten können nur durch mehrmalige Behandlung mit einem Schorfbekämpfungsmittel auf längere Sicht gesund erhalten werden. Man sollte auf Mittel zurückgreifen, die auch im Biolandbau erlaubt sind, z. B. Spritzmittel mit dem Wirkstoff Kupferoxychlorid. Aber auch eine Behandlung mit dem Pflanzenstärkungsmittel »NeudoVital Obst-Pilzschutz« ist bei konsequenter Anwendung Erfolg versprechend. Diese sollte bereits bei Austrieb erstmalig erfolgen.

Wer neue Apfelbäume pflanzt, sollte sich bei seiner Baumschule nach widerstandsfähigen Sorten erkundigen. Die Sorten 'Liberty', 'Rewena', 'Retina' und 'Topaz' gelten beispielsweise als schorfresistent.

linke Seite: Äpfel müssen richtig gelagert werden – so vermeidet man Druckstellen und Fäulnis.
rechts oben: Typische Schorfflecken an reifen Äpfeln.
rechts unten: Weniger bekannt sind die Schorfflecken auf den Blättern.

17 Moniliabefall an Stein- und Kernobst

Unser Sauerkirschbaum hat seit zwei Jahren im Sommer braune, vertrocknete Blätter und Äste und trägt nur wenige Kirschen, die sehr schnell schimmeln. Kann ich den Baum noch retten?

Kirschbäume, Aprikosen und Mandeln, zunehmend aber auch Apfelbäume, werden von zwei nahe verwandten Pilzen heimgesucht: der Spitzendürre *(Monilia laxa)* und der Fruchtfäule *(M. fructigena)*. Die bekanntere Spitzendürre befällt die Triebspitzen der Bäume und bringt diese zum Absterben. Die Fruchtfäule erkennt man auf den befallenen Früchten an dem typischen Schimmelrasen, der auf braun verfärbtem Fruchtfleisch sitzt.

Monilia ist vor allem in feuchten Jahren ein Problem. Die Sporen des auf Trieben, vertrockneten Blüten und Fruchtmumien überwinternden Pilzes dringen im Frühjahr über die Blüten ein, keimen dort aus, und das Pilzgewebe wächst durch den Blütenstiel in die Triebe ein. Der Pilz verstopft die Leitungsbahnen, wodurch Triebe, Blätter und Blüten absterben und vertrocknen. Selten dringt der Pilz dabei tiefer als 10 bis 15 Zentimeter in die Triebspitzen ein. Der Erreger der Fruchtfäule gelangt durch winzige Verletzungen der Früchte in diese hinein und vermehrt sich bei feucht-warmer Witterung rasend schnell.

Durch Rückschnitt ins gesunde Holz (mindestens 15 bis 20 Zentimeter) kann die Krankheit zurückgedrängt werden. Nach jedem Schnitt sollte die Schere desinfiziert werden (mit Spiritus abwischen oder kurz abflämmen), um eine Neuinfektion zu verhindern. Hygiene ist hier sehr wichtig. Das Schnittgut, befallenes Laub und infizierte Früchte müssen entsorgt werden, gehören jedoch nicht auf den Hauskompost.

Der Befall kann durch einen regelmäßigen Auslichtungsschnitt zurückgedrängt werden, denn aufgelockerte Baumkronen trocknen viel schneller ab. Kirschen werden – eine Ausnahme von der

Regel – im Sommer nach der Ernte geschnitten. Die Wunden verheilen zu dieser Jahreszeit besser als bei sonst üblichem Spätwinterschnitt.

Stark befallene Bäume werden durch den Pilz so stark geschwächt, dass nur noch das Roden Abhilfe schafft. Am gleichen Standort sollte für einige Jahre kein Stein- oder Kernobst mehr gepflanzt werden. Es gehört fast ausnahmslos zu den Rosengewächsen, die untereinander unverträglich sind. An Stellen, an denen ein Rosengewächs stand, sollte nicht wieder eine Pflanze aus dieser Familie gesetzt werden. Über die genauen Gründe wird noch geforscht, in der Diskussion sind giftige Wurzelausscheidungen oder Bodennematoden, die zu dieser Unverträglichkeit führen.

In Regionen mit starkem Moniliabefall sollte bei Neupflanzung von Kirschen auf wenig empfindliche Sorten zurückgegriffen werden. Bei Sauerkirschen sind dies die Sorten 'Gerema', 'Morina' und die Liebhabersorte 'Königin Hortense'.

linke Seite: Von Spitzendürre befallener, abgestorbener Ast.
rechts: Auch Pfirsiche können von der Fruchtfäule betroffen sein. Die befallenen Mumien sollten abgesammelt und vernichtet werden.

18 Oleander – Nicht immer pflegeleicht

Mein Oleander sieht dieses Jahr gar nicht gut aus. Viele Blütenstände sind dunkel verfärbt und einzelne Äste sind abgestorben. Kann ich den Strauch retten?

Heutzutage leiden nahezu alle Oleander *(Nerium oleander)* unter zwei Krankheiten: der Trockenfäule *(Ascochyta spec.)* und dem Oleanderkrebs *(Pseudomonas spec.)*. Unter günstigen Kulturbedingungen können wüchsige Oleandersorten relativ gut mit diesen Krankheiten leben, oftmals zeigen sich lange Zeit keine Symptome. In kühlen und regenreichen Jahren allerdings sind die Pflanzen geschwächt, und man findet häufiger Symptome beider Krankheiten an den Pflanzen. Der Oleanderkrebs zeigt sich meist zuerst an den Blütenknospen. Diese verkümmern, werden schwarz und sterben ab. An den Blättern bilden sich längs der Mittelrippe kleine Flecken, die wachsen und später in eine dunkle Blattwucherung übergehen. Solche Wucherungen finden sich auch an den Trieben, wobei oftmals nur einzelne Triebe der Pflanzen Befallsymptome zeigen. Der Ausbruch der pilzlichen Trockenfäule geschieht in der Feuchtigkeit, in der die Sporen auskeimen können. Von dort aus wandert der Pilz in das gesunde Gewebe, die Infektion führt zum Absterben aller Pflanzenteile oberhalb der Infektionsstelle.

Zur Bekämpfung ist ein Rückschnitt bis ins gesunde Gewebe nötig. Die Schere muss nach jedem Schnitt desinfiziert werden (z. B. mit Brennspiritus oder durch eine Flamme). Schnittstellen sollte man mit einem Fungizid oder feiner Holzkohle bepudern, denn Verletzungen der Pflanzen dienen Erregern als Eintrittspforten. In regenreichen Jahren ist es ratsam, die Pflanze an einen überdachten Standort zu stellen.

Der Oleander ist von seiner Natur her eine anspruchslose Kübelpflanze, die im Sommer gut genährt und gegossen werden möchte. Die Herkunft aus dem Mittelmeerraum gaukelt dem Halter vor, der Oleander sei genügsam und komme mit wenig Wasser aus. Wenn man die Pflanzen jedoch am Naturstandort sieht, ist man überrascht, dass die bevorzugten Plätze entlang von Bachläufen liegen. Auch wenn diese austrocknen, können die Wurzeln immer noch genügend Feuchtigkeit aus den tiefer liegenden Erdschichten entnehmen. Für die Kübelkultur heißt das, im Sommer, an warmen Tagen, benötigt der Oleander viel Wasser. Am besten steht er dann über Tag in einem gefüllten Untersetzer, der aber an kälteren Tagen entfernt werden sollte, sonst sterben die Wurzeln durch Staunässe ab.

Gelegentlich können Schildläuse zum Problem werden. Sie sitzen unauffällig in den Blattachseln und entlang den Blattrippen und schädigen durch ihre Saugtätigkeit. Meist fällt der Befall erst auf, wenn sich auf den Ausscheidungen die typischen Rußtaupilze ansiedeln. Hier hilft keine Schmierseife, sondern ein Präparat auf Paraffinölbasis.

Schildläuse sind, ebenso wie Blattläuse, die Folge einer nicht optimalen Überwinterung. Meist vermehren sich die Schädlinge rasend schnell im Frühjahr, wenn es wärmer wird und die Pflanzen im Winterquartier weiche Triebe bilden. In dieser Zeit sollte man auf das Auftreten dieser Tiere achten und frühzeitig eingreifen, denn Blattläuse sind z. B. Überträger vieler Pflanzenkrankheiten. Lüften Sie daher im Frühjahr und stellen Sie Ihren Oleander ruhig schon mal an frostfreien Tagen auf die Terrasse, damit der Neuaustrieb gesund bleibt.

rechts: So prächtig blüht ausgepflanzter Oleander nur in südlichen Ländern wie hier auf Korsika.

19 Schönheiten für den Balkon – Neue Pflanzvorschläge

Ich bin auf der Suche nach Pflanzideen für meine Balkonkästen. Was können Sie uneingeschränkt empfehlen?

Es gibt etliche Sommerschönheiten, die – richtig kombiniert – über Monate hinweg Balkon und Terrasse verschönern können. Ganz klassisch geht es in Kästen mit Geranien, Fuchsien, Petunien und Fleißigen Lieschen zu. Dazu wählt man meist starke farbliche Kontraste, etwa rote Geranien mit gelbem Zweizahn und blauem Männertreu. Solche Kombinationen haben eine starke Leuchtkraft, wirken aber auf Dauer oft etwas aufdringlich. Daher geht der Trend heute mehr zu dezenteren Farben und Kombinationen, die aus verwandten Farbtönen zusammengesetzt sind. Solche Kästen und Schalen wirken ruhiger und erlauben dem Auge, auch Details wie Blütenform oder Struktur und Farbe des Laubs wahrzunehmen.

Sehr edel etwa wirkt bei sonniger Ausrichtung eine gemischte Pflanzung in Weiß und Grau. Es kommen praktisch alle sonnenverträglichen Sorten mit weißen Blüten in Betracht, z. B. weiße Kapmargeriten *(Osteospermum ecklonis)* in Kombination mit graulaubigen Strohblumen *(Helichrysum petiolare)*, Elfenspiegel *(Nemesia fruticans)* und weißen Hängepetunien. Im Schatten kommt die Farbe Weiß besonders gut zur Geltung. Hier kombiniert man weiße Fleißige Lieschen mit einer passenden Buntnessel oder einer panaschierten Taubnessel (*Lamium maculatum* 'White Nancy'). Nicht minder edel wirken gelb-grüne Töne in Kombination mit Weiß. Etwa Petuniensorten, die sanftes Gelb und Weiß in einer Blüte vereinen, mit einem weißen Jasminblütigen Nachtschatten *(Solanum jasminoides)* und dazu als reine Blattschmuckpflanze eine großlaubige, hellgrüne Süßkartoffel *(Ipomoea batatas)*.

Eine Bepflanzung in zarten Rosatönen wirkt wohltuend und beruhigend. Zwei Kombinationen als Vorschlag: eine Bepflanzung Ton in Ton mit stehenden rosafarbenen Geranien, Elfensporn *(Diascia vigilis)* und der weißen Schnee-

oben links und rechts: Neue Nemesien-Sorten sind langblühend, gedeihen auch in kühleren Sommern und warten mit warmen Farben auf: 'Orange Fire' und 'Paradise'.
linke Seite: Auch Bauernhortensien eignen sich für Balkonkästen. Hier die neue Sorte 'Red Ace'.

flockenblume *(Sutera diffusus)* als Grundtextur. Etwas kontrastreicher ist die Kombination von Hängepetunien in einem kräftigen Rosa, intensiv duftendem Ziertabak und einer füllenden Basisbepflanzung aus Spanischen Gänseblümchen *(Erigeron kravinskianus)*, die während ihrer Blüte von Weiß zu Rosa wechseln.

Wer den Balkon vor allem am Abend genießt, sollte auch duftende Pflanzen einbeziehen. Einige unserer Balkonpflanzen verströmen erst bei Nacht ihren süßen Geruch. In diese Kategorie fallen die lilafarbene Vanilleblume *(Heliotropium arborescens)*, Duftpelargonien, deren Laub bei Berührung nach Rose, Zitrone oder Gewürzen duftet, und der weiße Ziertabak *(Nicotia x sanderae)*, ein ausgesprochener Abenddufter. Ihn muss man mit der Nase kaufen, da nicht alle Züchtungen duften. Vanilleblume und Eisenkraut *(Verbena)* ergeben zudem eine schöne Kombination in Blau-Lila, die mit blauen Schneeflockenblumen *(Sutera)* aufgefüllt werden kann. Dunkles Lampenputzergras bringt schließlich noch Höhe in die Anpflanzung.

Neben regelmäßigem Wässern kommt es bei Sommerblumen vor allem auf ausreichende Düngegaben an, am besten mit einem Langzeitdünger. Außerdem sollte hochwertige Erde eingesetzt werden, denn nur dann können die Dauerblüher ihr ganzes Können zeigen.

20 Mediterrane Atmosphäre

Ich besitze zwei Zitronenbäumchen in Töpfen. Die Pflanzen verlieren immer wieder Blätter und die Früchte fallen ab. Was kann ich machen?

Zitronen sind wunderschöne Kübelpflanzen, die eine mediterrane Atmosphäre in den Garten bringen. Sie sind unter den Zitrusfrüchten die unkompliziertesten, wenn man ihre bescheidenen Wünsche erfüllt.

Ein sonniger, warmer und windgeschützter Standort ist die Vorbedingung, sonst wird die Zitrone nur kümmerlich wachsen und keine Blüten hervorbringen. Ein wenig Aufmerksamkeit sollte man dem Pflanzsubstrat schenken. Optimal ist eine sandig-lehmige Erde mit einem pH-Wert im leicht sauren Bereich (5,5 bis 6), die gut durchlässig ist. Im unteren Bereich des Kübels sollte grobes Material, etwa Bimskies, für die nötige Drainage sorgen, denn Staunässe lässt die Wurzel faulen und ist nicht selten der Übeltäter, wenn Zitronen ihre Blätter und Früchte abwerfen und eingehen.

Allerdings ist es ganz normal, dass Zitronen den überwiegenden Teil der kleinen Früchte verlieren, denn würden alle Blütenanlagen ausreifen, könnte die Pflanze diese gar nicht ernähren, und es würden nur kleine, minderwertige Zitronen ausgebildet.

Da Zitrusfrüchte anfällig für Chlorose sind und bei einem pH-Wert im basischen Bereich kein Eisen mehr aus dem Boden aufnehmen können, darf nur mit kalkfreiem Wasser gegossen werden. Die Folgen falscher Wässerung sind Chlorophyllmangel und gelbe Blätter, auf denen die Adern grün hervortreten. Abhilfe schafft die Gabe eines speziellen Eisendüngers.

Erst wenn das Substrat oberflächlich leicht angetrocknet ist, wird erneut gegossen, dann allerdings durchdringend, bis unten Wasser herausläuft, denn an heißen Tagen haben Zitrusfrüchte einen enorm hohen Wasserbedarf. Dieser wird häufig unterschätzt, da Zitronen und Orangen typische Plantagenfrüchte des Mittelmeerraumes sind und dort scheinbar auf sehr trockenen Böden gedeihen. Man übersieht aber leicht, dass die Bäume dort bewässert werden.

Zu geringe Wassergaben führen schnell zu Blattverlusten, allerdings regenerieren Zitronen gut aus schlafenden Augen. Die Fingerprobe hilft, den Wasserbedarf zu prüfen: Fühlt sich die Erde in 5 bis 6 Zentimeter Tiefe noch feucht an, benötigt die Pflanze kein Wasser. Wenn sich das Substrat dort eher trocken anfühlt, sollte man gießen.

Gedüngt wird vom beginnenden Austrieb der Pflanzen im Frühjahr bis etwa Ende August, am besten mit einem flüssigen Zitrusdünger nach Anweisung des Herstellers. Ab September sollten die Töpfe vor zu viel Herbstregen geschützt werden, denn das aktive Pflanzenwachstum ist durch die kürzeren Tage und die kühlen Nächte schon deutlich reduziert. Jetzt muss nur noch das Holz ausreifen.

Die unangenehmsten Schädlinge der Zitrone sind Spinnmilben (siehe S. 128) sowie Schmier- und Schildläuse. Letztere saugen an verschiedenen Pflanzenteilen und schützen sich durch einen Wachsschild. Oft erkennt man sie nur an schwarzen Rußtaupilzen, die sich auf ihren zuckerhaltigen Ausscheidungen angesiedelt haben. Bekämpfen kann man sie durch Betupfen mit Spiritus oder mit kalihaltiger Schmierseifenlösung, die nach wenigen Wochen nochmals gesprüht werden muss.

linke Seite: Warme, sonnige Sommer führen auch in unseren Regionen zu einer ergiebigen Zitronenernte.
rechte Seite: Der betörende Duft der Zitronenblüten lässt sich gut auf einer geschützten Terrasse genießen.

21 Romantische Rosen und ihr bezaubernder Duft

Nach langen Recherchen glaubte ich mit 'Grace' meine Rose gefunden zu haben. Jetzt sind die ersten Blüten gekommen, aber sie riechen nicht, obwohl sie als stark duftend deklariert waren. Bin ich einem Irrtum aufgesessen?

Die apricotfarbene 'Grace' gehört zur Gruppe neuer Englischer Rosen, auch Austin-Rosen genannt, und wurde im Jahr 2001 vom britischen Rosenzüchter David Austin eingeführt. Er selbst schreibt ihr einen mittleren Duft zu, was übersetzt wohl eher schwach bedeutet. Es ist nicht selten, dass frisch gepflanzte Sträucher sparsam mit ihren Duftgaben sind. Zunächst wird viel Energie in die Wurzelbildung gesteckt, und dann schreibt das genetische Programm den modernen Hybridsorten vor, bereits im ersten Jahr laufend neue Blüten zu bilden. Einen kräftigeren Duft strömen sie oft erst im zweiten Jahr aus, wenn die Pflanzen stärker aus ihren Reserven schöpfen können.

Die Duftmoleküle einer Rose werden an der Basis der Blütenblätter abgesondert. Je mehr Blütenblätter eine Blüte hat, desto stärker in der Tendenz ist ihr Duft. Am intensivsten duften Rosen an einem frühen, windstillen Morgen, wenn der Vortag warm und sehr sonnig war, gefolgt von einer kühlen Nacht. Dann hat der Stoffwechsel reichlich Duftmoleküle produzieren können, ohne dass sie gleich verweht worden sind. Besonders stark duften Blütenknospen, die im Begriff sind, sich zu öffnen. Genau in diesem Stadium werden auch die Blüten zur Gewinnung von Rosenöl gepflückt. Selbstverständlich produziert ein Rosenstrauch nur dann zahlreiche üppig duftende Blüten, wenn der Boden feucht und nahrhaft und der Standort sonnig ist.

Einer Rose ohne Duft fehlt die Seele. David Austin hat sich daher das Ziel gesetzt, die Eigenschaften alter Rosen – romantische, stark gefüllte

: GEWUSST WAS

Loblied auf die Rose

»Als Allerschönste bist du anerkannt,
bist Königin des Blumenreichs genannt;
unwidersprechlich allgemeines Zeugnis,
Streitsucht verbannend, wundersam Ereignis!
Du bist es also, bist kein bloßer Schein,
in dir trifft Schaun und Glauben überein.
Doch Forschung strebt und ringt, ermüdend nie,
nach dem Gesetz, dem Grund Warum und Wie.«
Johann Wolfgang von Goethe

links: Die duftende Strauchrose 'Pat Austin' des Rosenzüchters David Austin bringt eine ganz neue Farbe in das Sortiment der modernen Englischen Rosen.
rechts: 'Scepter 'd Isle' ist ebenfalls eine neuere englische Sorte mit ausgeprägtem Myrrheduft und sehr reichem Flor.

Blüten mit intensivem Duft – mit denen moderner Rosen zu verbinden, die dauerhaft blühen und größere Blüten in einer Vielzahl von Farben besitzen. Mittlerweile hat jede größere Rosenschule ihr eigenes Sortiment. Leider erfüllen nicht alle Sorten höchste Ansprüche hinsichtlich der Blattgesundheit. Das gilt leider auch für viele Englische Rosen. Was nützt die schönste Blüte, wenn der Strauch im Sommer fast ohne Laub dasteht?

Es steht inzwischen wieder ein großes Sortiment gesunder »alter Duftrosen« zur Verfügung, allen voran die Alba-Rosen. Es gibt sie von Reinweiß ('Alba Maxima') bis hin zu kräftigem Rosa ('Königin von Dänemark'). Alle sind außerordentlich winterhart, gesund und sie gedeihen sogar in abschnnigen Lagen. Empfehlenswert sind auch 'Président de Sèze' (kräftig rosafarbene Gallicarose) und 'Madame Hardy' (weiße Damaszenerrose mit grünem Auge). Einige »alte« Rosen blühen sogar mehrmals im Jahr, so etwa 'Alfred de Dalmas' (hellrosafarbene Moosrose), 'Boule de Neige' (weiße Bourbonrose), 'Mme Alfred Carriere' (weiße Noisetterose mit cremefarbener Mitte) oder 'Madame Boll' (kräftig rosafarbene Portlandrose).

Doch stark duftende Romantische Strauchrosen in Apricot und Gelb findet man tatsächlich vornehmlich bei David Austin. Überdurchschnittlich gesund scheinen 'Pat Austin' (kupferorange), 'Golden Celebration' (gelb) und 'Teasing Georgia' (gelb) zu sein. Letztere ist sogar als niedrige Kletterrose geeignet.

22 Im Frühling pflanzt man wurzelnackte Rosen

Ich möchte Rosen pflanzen, und zwar am liebsten wurzelnackte Rosen, keine Containerrosen. Worauf muss ich achten?

Wurzelnackte Rosen werden im Frühjahr und Spätherbst angeboten. Während Gartencenter und Gartenbaubetriebe mehr und mehr auf Containerrosen umstellen, sind die wurzelnackten Rosen eine Domäne im Rosenversand geworden. Die Auswahl an diesen Rosen ist deutlich größer. Dazu kommt der Vorteil, dass man sich im ersten Jahr weniger um sie kümmern muss, weil die Gefahr des Austrocknens geringer ist. Containerrosen haben allerdings den Vorteil, dass man die Pflanzen kaufen und einpflanzen kann, wenn sie blühen.

Rosen brauchen reichlich Sonne, und zwar mindestens 6 Stunden am Tag. Auch sollten sie nicht zu dicht bei Bäumen und Sträuchern stehen, denn diese ziehen sehr viel Wasser und Nährstoffe ab – zwei Voraussetzungen, die für eine reiche Rosenblüte unbedingt nötig sind. Auch bei den Stauden gilt: Zunächst einmal Abstand halten.

Bei der Pflanzung geht man folgendermaßen vor: Wurzelnackte Rosenstöcke werden für mehrere Stunden völlig untergetaucht gewässert. Zuvor aber beschädigte Wurzeln zurückschneiden, alle übrigen frisch anschneiden und die oberirdischen Triebe etwa um die Hälfte einkürzen.

Dann wird der Pflanzplatz großzügig umgegraben. Haben an der Stelle bereits Rosen über mehrere Jahre gestanden, muss der Boden zwei Spaten tief ausgetauscht werden, sonst besteht die Gefahr, dass die neue Pflanze verkümmert

linke Seite: Um so üppig zu blühen, benötigen wurzelnackt gepflanzte Rosen vielleicht etwas länger als Containerrosen, aber es gibt auch viel weniger Anwachsschwierigkeiten.
rechte Seite: Bei diesem Rosenhochstamm wachsen zwei Wildtriebe aus der Unterlage. Sie müssen entfernt werden.

(Rosenunverträglichkeit). Bei humusarmen, sandigen oder schweren Böden reichlich Pflanz-erde einarbeiten. Anschließend das Pflanzloch ausheben. Es muss so groß sein, dass die Wurzeln ohne Knicken und Biegen hineinpassen. Die Sohle und den Rand des Pflanzlochs zusätzlich mit der Grabgabel lockern. Ist die Rose mit Wasser vollgesogen, wird sie in der richtigen Höhe gepflanzt, wobei der Aushub zunächst nur zu drei Viertel eingefüllt wird. Die Veredelungsstelle, der knotige Übergang von Wurzel zum oberirdischen Trieb, kommt etwa 5 Zentimeter (3 Finger breit) unter die Erdoberfläche. Dies verhindert, dass die Unterlage austreibt und den Edeltrieb überwächst. Wildtriebe erkennt man später am hellgrünen Laub, das meist deutlich mehr Fiederblättchen hat. Stammrosen erhalten einen kräftigen Stützpfahl.

Dann wird der Boden mit viel Wasser eingeschlämmt, sodass sich die Hohlräume schließen. Erst danach kann die restliche Erde eingefüllt werden. Dabei die oberirdischen Triebe möglichst hoch anhäufeln: Im Frühjahr dient dies als Verdunstungsschutz. Abgehäufelt wird dann, wenn die neuen Triebe 15 bis 20 Zentimeter lang sind.

: GEWUSST WANN

Containerrosen kennen keine Saison

Containerrosen können praktisch das ganze Jahr über gepflanzt werden. Hier ragt die Veredelungsstelle aus Platzgründen meist aus dem Substrat heraus, aber auch sie wird 3 Finger tief in den Boden eingegraben. Containerrosen müssen bei ausbleibenden Niederschlägen im ersten Jahr häufig und gründlich gewässert werden. Der Boden bleibt länger feucht, wenn er mit einer etwa 5 Zentimeter dicken Lage Mulch abgedeckt wird. Rindenmulch ist dafür allerdings weniger geeignet, besser sind die gröberen Kompostanteile, die von kommunalen Grüngutentsorgern angeboten werden. Beim Ausbringen den unmittelbaren Bereich um den Rosenstamm jedoch freihalten. Dieses Mulchen kann jährlich im Frühjahr wiederholt werden. Ausreichend Stickstoff liefern Hornspäne (etwa 120 Gramm je Quadratmeter) – mehr muss in der Regel im Frühjahr nicht gedüngt werden.

23 Rosen und ihre Pilzkrankheiten

Auf den Blättern meiner neu gepflanzten Rosen haben sich schwarze Flecken gebildet, und es fallen immer mehr Blätter ab. Was kann ich dagegen tun?

Schwarze oder dunkellilafarbene Flecken auf Rosenblättern werden mit großer Wahrscheinlichkeit durch Sternrußtau *(Diplocarpon rosae)* hervorgerufen. Neben dem Echten Mehltau *(Spaerotheca pannosa)* ist dies die häufigste Rosenkrankheit. Sternrußtau tritt vor allem an Buschrosen auf, allerdings mit deutlichen Sortenunterschieden.

In der Entwicklung spielt infiziertes Falllaub aus dem letzten Jahr die entscheidende Rolle. Im Frühjahr werden bei feucht-kalter Witterung Sporen auf die bodennahen Blätter gespritzt, keimen dort aus, und es bilden sich die typischen millimeter- bis zentimetergroßen dunklen Flecken mit sternförmig gezacktem Rand aus. Bei starkem Befall vergilben die Blätter und fallen ab. So kann in schlechten Jahren eine anfällige Beetrose schon im Juni völlig verkahlen.

Über die befallenen Blätter breitet sich die Krankheit durch Sommersporen in die oberen Astpartien aus und kann dort auch Triebe befallen – es entstehen Rindennekrosen. Mit dem Fall infizierter Blätter im Herbst schließt sich der Kreislauf.

Zur Vorbeugung gegen Sternrußtau sollte man bei Neuanpflanzung auf widerstandsfähige Sorten zurückgreifen. Wichtig ist ein regelmäßiger Schnitt, der Luft und Licht in die Sträucher lässt, sodass Regen schneller abtrocknen kann. Eine stickstoffreiche Ernährung fördert den Pilzbefall ebenso wie Mangelernährung der Pflanzen. Daher sollten Rosen sehr ausgeglichen mit Dünger versorgt werden, insbesondere eine Stickstoffmast muss unterbleiben. Infiziertes Falllaub muss vollständig vom Boden aufgesammelt und über den Hausmüll entsorgt werden. Dies gilt auch für Blätter, die noch im Strauch hängen. Bei starkem Befall kann mit einem

Pilzmittel gespritzt werden. Bevorzugt werden sollten Kombipräparate, die auch gegen andere Pilzkrankheiten an Rosen wirken.

Der Echte Mehltau ist ein sogenannter Schönwetterpilz. Er befällt die Rosen im Frühsommer (Mai/Juni), während der ersten Wärmeperioden, die von nächtlichem Tau begleitet sind. Auf den Blättern zeigt sich ein weißlicher Belag, Blüten deformieren und die Sträucher können bei starkem Befall früh verkahlen. Der Pilz überwintert auf Triebknospen und Trieben, von dort erfolgt im Frühjahr eine erneute Infektion.

Für die Bekämpfung gilt das Gleiche wie für den Sternrußtau. Zusätzlich führt eine kalibetonte Düngung, die die Widerstandskraft der Rosen allgemein stärkt, zu einer guten Triebausreifung im Herbst. Kalium kann auch noch im Spätsommer, z. B. in Form von Kalimagnesia, gegeben werden.

linke Seite: Die drei häufigsten Schadpilze an Rosen auf einen Blick: Rosenrost, Sternrußtau, Echter Mehltau (von links nach rechts).
rechts: Die wunderbare Strauchrose 'Schneewittchen' ist leider anfällig für Sternrußtau (siehe S.15).

24 Mit gelber Farbe die Weiße Fliege überlisten

Ich habe ein paar schöne selbst gezogene Gazanien eingetopft und sie im Haus an der Fensterbank überwintern lassen. Die Pflänzchen freuten sich des Lebens und blühten verschwenderisch. Dann ging es bergab. Weiße Fliegen feiern Orgien auf ihnen und legen unbekümmert Eier. Was kann ich zur Bekämpfung tun?

Die Weiße Fliege (meist die Gewächshausmottenschildlaus – *Trialeurodes vaporariorum*) ist eine enge Verwandte der Blatt- und Schildlaus und benötigt für eine optimale Entwicklung Temperaturen oberhalb von 20 °C. Darum tritt sie vor allem im Sommer im Freien, in temperierten Wintergärten oder an Zimmerpflanzen oft in Massen auf. An windstillen, lufttrockenen und warmen Orten fühlt sich die Weiße Fliege besonders wohl. Wenn dann die Wachstumsbedingungen für die Pflanzen nicht optimal sind – und das sind sie im Winter durch den Lichtmangel nur selten –, ist der Befall schnell da. Sie kann den Winter draußen nicht überstehen, ist also zum Überleben auf Winterquartiere angewiesen.

Der Befall ist leicht zu erkennen: Sowohl die noch ungeflügelten Larven als auch die erwachsenen Läuse sitzen oft in großer Zahl auf der Unterseite der jüngsten Blätter und können durch Schütteln leicht aufgestört werden. Sie fliegen dann zu einem hektischen Schwirrflug auf, um sich mit Vorliebe auf anderen grünen Blättern niederzulassen. Doch auch von der Farbe Gelb werden sie magisch angezogen. Das macht man sich bei der Bekämpfung mit sogenannten Gelbtafeln zunutze. Dies sind mit dauerhaftem Leim überzogene gelbe Plastikblätter, die zwischen die Pflanzen gehängt oder an einem Stab befestigt werden. So ist der Befall eindeutig zu erkennen, da die Schädlinge daran kleben bleiben.

Die Läuse schädigen die Pflanzen durch ihre Saugtätigkeit. Sie entziehen ihnen die Reservestoffe, schädigen sie aber auch durch das Ausscheiden von Honigtau. Sie saugen den sehr zuckerhaltigen Pflanzensaft ein, verwerten die enthaltenen Proteine und scheiden überschüssigen Zucker als Honigtau aus. Es entsteht ein Honigtaufilm auf den Blättern, auf dem sich oft Rußtau- und Schwärzepilze ansiedeln. Diese behindern den Eintritt von Sonnenlicht ins Blatt und damit die Assimilation.

Spätestens bei diesem Befund heißt es konsequent handeln. Wirklich effektiv sind in diesem Fall nur Spritzmittel. Die Blattunterseiten werden lückenlos benetzt, damit auch die dort abgelegten Eier keine Überlebenschance haben.

links: Typischer Befall mit Weißer Fliege auf der Unterseite eines Blatts. **Mitte:** Die Plagegeister bei ihrer Saugtätigkeit. **rechts:** Auf gelben Leimtafeln kleben die Fliegen fest, ein guter Indikator zur Früherkennung.

Bei Anwendung im Innenraum und bei essbaren Pflanzen sollte unbedingt ein Spritzmittel auf natürlicher Basis verwendet werden. Hier eignen sich Produkte auf Neem- oder Kaliseifenbasis. Noch wirksamer sind freilich Insektensticker, die in die Topferde gesteckt werden. Der Wirkstoff verteilt sich über die Wurzeln in die Pflanze, wodurch auch versteckt sitzende Fliegen erreicht werden. Insektensticker dürfen selbstverständlich nicht bei Küchenpflanzen angewendet werden.

Weiße Fliegen sollten unbedingt im Frühjahr und im Herbst bekämpft werden, damit der Vermehrungszyklus unterbrochen wird. Regional können sie im Sommer auch massenhaft bei Freilandpflanzen auftreten. Dies ist ein Zeichen dafür, dass die Bekämpfung in den Winterquartieren unzureichend war, denn die vor rund 150 Jahren aus Mittelamerika über England eingeschleppten Schädlinge überstehen draußen nicht den hiesigen Winter.

25 Richtig Umtopfen

Wir haben kürzlich unsere Zimmerpalme umgetopft und dabei etliche Wurzeln gekappt. War das falsch? Denn nun trocknet ein Blatt nach dem anderen ein.

Generell reagieren Palmen auf häufiges Umtopfen mit Wachstumsstörungen, insbesondere ältere Exemplare. Bei Letzteren kann man stattdessen jährlich die obersten 5 Zentimeter Erde erneuern. Junge Pflanzen kann man dagegen unbesorgt alle 2 Jahre in einen nur wenig größeren Topf mit frischer Erde umsetzen. Die Wurzeln sollten aber generell bei allen Zimmerpflanzen möglichst nicht beschädigt werden. Besonders Kandidaten mit fleischigen Wurzeln, wie sie auch viele Palmen besitzen, reagieren sehr empfindlich auf deren Verlust. Ist dies aber geschehen, muss mit Fingerspitzengefühl gewässert werden. Nasses Substrat könnte die Wurzeln faulen lassen und der Pflanze den Rest geben. Die Erde darf nur so eben feucht gehalten werden, dabei mit dem Zeigefinger den Feuchtegehalt in 2 bis 3 Zentimeter Tiefe überprüfen. Dann kann auch durch gelegentliches Übersprühen mit dem Zerstäuber die Wasserverdunstung über die Blätter verringert werden.

Regelmäßiges Umtopfen von Zimmerpflanzen ist notwendig, weil sich mit der Zeit die Struktur und chemischen Eigenschaften des Substrats verändern. Es wird weniger durchlässig, und Kalk reichert sich an. Und natürlich werden die Töpfe mit der Zeit zu klein. Spätestens wenn die Wurzeln die Erde aus dem Topf drücken, muss ein größeres Gefäß gewählt werden. Der beste Umtopfzeitpunkt ist das Frühjahr, zu Beginn der Wachstumszeit. Dazu den Ballen vom alten Topf befreien, anhaftende Erde ausklopfen und abgestorbene Wurzelteile entfernen. Das Gefäß so groß wählen, dass zwischen altem Ballen und Topfrand etwa 2 Zentimeter Platz ist. Auf den Grund kommt eine Dränage aus Blähton oder Kies, damit überschüssiges Wasser rasch abfließen kann, darüber kommt eine 3 Zentimeter hohe Schicht frische Erde. Dann den Topfballen einsetzen – er sollte aber nicht tiefer als vorher

1 Die Zamie hat das alte Substrat durchwurzelt und soll umgetopft werden. 2 Außen sitzendes altes Substrat wird vorsichtig entfernt. 3 Der neue Topf ist etwas größer als der alte und wird mit frischem Substrat aufgefüllt.

stehen, und zum Topfrand muss ein 2 Zentimeter hoher Gießrand verbleiben. Ringsum frisches Substrat einfüllen und immer wieder leicht andrücken. Wer das Düngen häufig vergisst, für den empfiehlt es sich, dem Substrat vorher einen Langzeitdünger beizumischen.

Bei der Wahl der richtigen Blumenerde sollte man nicht sparen, will man über Jahre Freude an seinen Pflanzen haben. Eine gute Blumenerde hat grobe und feine Komponenten, die eine optimale Struktur garantieren. Ideal ist eine Beimischung von Ton, der in der Lage ist, Nährstoffe zu speichern und wieder abzugeben. Im Zweifelsfalle sollte man einen Gärtner nach »Einheitserde« fragen – häufig unter der Bezeichnung »frux« im Handel. Eine Zugabe von Lavagranulat oder Bimskies kann die Wasserführung noch verbessern.

Die ersten Wochen wird nur vorsichtig und am besten in der Mitte des Topfes gegossen. Die Wurzeln müssen zunächst ins neue Substrat hineinwachsen. Eine Vernässung würde das behindern und könnte für Fäulnis sorgen. Töpfe ohne Langzeitdünger erst 4 bis 6 Wochen nach dem Umtopfen wieder düngen, und zwar in dem auf der Verpackung angegebenen Rhythmus und in der vorgeschriebenen Konzentration. Im Allgemeinen wählt man eine eher schwache Konzentration und düngt damit wöchentlich, im Winter alle 14 Tage. Bei Zimmerpflanzen ist es meist gar nicht erwünscht, dass sie so sehr ins Kraut schießen.

Die pflegeleichteste Zimmerpalme ist übrigens die berühmte elegante Kentiapalme, botanisch *Howea*. Sie ist das, was man klassisch als »dankbar« bezeichnet: Gegenüber trockener Zimmerluft ziemlich unempfindlich, gedeiht sie auch im Schatten; direkte Sonne schadet ihr sogar.

26 Die Pflanze fürs Tropenklima

Die Banane in unserem Wintergarten wuchs anfangs sehr gut, jetzt werden die unteren Blätter gelb und braun, und seit kurzem wächst sie nicht mehr so schön. Haben sie Tipps zur Pflege?

Die bei uns am häufigsten gehaltenen Kübelbananen sind *Musa basjoo*, die Japanische Faserbanane, und eine Reihe von *Musa*-Hybriden. Im Allgemeinen sind Bananen relativ anspruchslos, können aber unter ungünstigen Umständen und bei nicht optimaler Haltung Probleme bereiten. An erster Stelle sind Schädlinge zu nennen, die den Bananenblättern sehr zusetzen können, allen voran Spinnmilben (s. S. 128). Mit Hilfe einer Lupe kann man vor allem auf der Unterseite der Blätter nach den für Spinnmilben typischen gespinstartigen Überzügen suchen. Eine Behandlung muss rasch erfolgen, sonst stirbt die Staude – denn Bananen wachsen nicht an Bäumen – sehr schnell ab. Geeignet sind Spritzmittel auf Kaliseifenbasis oder mit natürlichen Pyrethroiden als Wirkstoff. Stärkere Mittel sollte man der Gesundheit zuliebe nicht in der Wohnung anwenden und auch pyrethroidhaltige Mittel nur im Freien versprühen, da der Wirkstoff ein Nervengift auch für den Menschen darstellt.

Gelbe Blätter können aber auch ein Zeichen von Staunässe sein. Diese führt zum Absterben der Faserwurzeln, und als Folge kann die Pflanze ihre Blätter nicht mehr versorgen, sie wirft sie ab. Daher ist das richtige Gießen bei Bananen äußerst wichtig. Im Sommer, bei höheren Temperaturen, ist ihr Wasser- wie auch Wärmebedürfnis nämlich ausgesprochen hoch. Dann darf schon mal den Tag über Wasser im Untersetzer stehen bleiben. Doch am Abend sollte es verbraucht sein, so ist die Gefahr der Vernässung gering. Eine hohe Luftfeuchtigkeit verhindert, dass sich Schädlinge breitmachen oder die Ränder der großen Blätter braun werden.

Zum Winter hin wird natürlich weniger gegossen, je nach Überwinterungstemperatur. Optimal sind lauwarme und warme Wintergärten, da hier genügend Licht auch in der dunklen Jahreszeit von oben auf die Pflanze fällt – deutlich mehr als in einem Zimmer. Wenn so ein Platz nicht vorhanden ist, stellt man die Banane besser kühl und hell auf, jedoch nicht unter 10 °C wegen drohender Pilzerkrankungen, aber auch nicht zu warm, da durch zu hohe Temperaturen das Triebwachstum angeregt wird und aus Lichtmangel diese Triebe vergeilen. Solch weiches Gewebe ist besonders anfällig für Schädlinge aller Art.

Bei einer so offensichtlich tropischen Pflanze wie der Banane verwundert es nicht, dass ihr Nährstoffbedürfnis hoch ist, werden doch während der Vegetationsperiode immer neue, große Blätter gebildet. Stickstoffmangel, der sich schnell einstellt, führt dazu, dass die unteren, älteren Blätter vergilben: Die Banane verlagert einfach den Stickstoff von dort in die jungen Blätter. Mit sichtbarem Blattwachstum sollte daher die Düngung einsetzen, am besten mit einem hochwertigen Blattdünger, der wöchentlich gegeben wird.

linke Seite: Für die Terrasse sind Bananen sind wunderbare Strukturpflanzen
rechte Seite: Bananenblüten an einer Plantagenbanane. Auch bei uns kommt *Musa basjoo*, die Japanische Faserbanane, in warmen Sommern zur Blüte.

Endlich Sommer – Die Zeit der grünen Stars

»Im Wald lassen sich Dinge entdecken, über die nachzudenken man ewig im Moos liegen könnte.«

Dieses Zitat von Franz Kafka erinnert mich an den Sommer, das Leben in und mit meinem Garten – eine Zeit der Beobachtung und des Genießens.

Die großen Arbeiten im Frühjahr sind getan, und jetzt zeigt sich der Garten in seiner ganzen Pracht. Man schlendert durch sein grünes Reich und nimmt, mal mit Wohlgefallen, mal mit kritischem Blick, diese oder jene Pflanzen ins Visier. Viele Frühjahrsblüher schießen jetzt ins Kraut und wachsen mächtig in die Breite. Die Gehölze stehen kräftig im Laub, und dazwischen setzen hier und da Sommerblüher farbenfrohe Akzente.

Es ist die Zeit, in der der Garten seine größte Fülle entwickelt und uns vermittelt, ob er sich im Gleichgewicht befindet oder ob es ihm an etwas mangelt. Das ökologische Räderwerk läuft auf Hochtouren. Nützlinge wie Schädlinge vermehren sich schnell und halten sich im Idealfall die Waage. So erlebt etwa mancher Gärtner innerhalb weniger Tage einen Massenbefall durch Blattläuse und entdeckt kurz darauf eine Armada von Marienkäfern, Florfliegenlarven oder auch Meisen, die sich an dieser üppigen Futterquelle laben und die grünen Plagegeister dezimieren.

Dieses pralle, harmonische Leben findet jedoch nur in einem ausgewogenen, artenreichen Garten statt, in dem der Gärtner sanft Regie führt und nicht mit Kanonen auf Spatzen schießt. Das ist eine Regel, die sich jeder besonders dann merken sollte, wenn es um seine Lieblinge geht. Denn das ist der wunde Punkt: An seinen grünen Stars duldet kein Gärtner einen Schädlingsbefall. Um unsere Pflanzen zu retten, werden wir empfänglich für vermeintliche Wundermittel und lassen uns sogar von der Werbung zum Kauf von Produkten mit zweifelhafter Wirkung leiten.

Nur so lässt es sich erklären, dass Gärtner jährlich einige Milliarden Euro in das sogenannte »grüne Marktsegment« unserer Wirtschaft investieren. Dabei ginge es oft ohne Industrie-Spritze, denn im Garten ist der im Vorteil, der ihn aufmerksam beobachtet und ihm »zuhört«. Der Garten teilt dem Gärtner mit, was ihm fehlt. Besonders im Sommer legt er seine Stärken und Schwächen offen. Durch die richtige Standortwahl, die Kenntnis des Bodens und die richtigen Pflanzenkombinationen kann ein aufmerksamer Beobachter viele Fehler und ihnen folgende Enttäuschungen vermeiden.

Ein Beispiel, um das zu verdeutlichen: Wenn eine Rose immer wieder an Blattpilz erkrankt, obwohl man doch regelmäßig »gespritzt« hat, dann gehört diese Rose ganz sicher nicht an den gewählten Standort. Hier gibt es nur zwei Entscheidungen: Entweder man trennt sich von ihr und kauft eine resistente Sorte oder man pflanzt sie an einen sonnigen, gut belüfteten Platz. An den Kosten jedenfalls sollte es nicht liegen, sich für eine neue, widerstandsfähige Rose zu entscheiden; sie ist höchstens so teuer wie zwei oder drei Packungen Fungizid. Sie sehen: Viele Probleme lassen sich ohne eine Armada an Schädlingsbekämpfungsmitteln lösen. Meine Frau sagt immer, wenn ihr die oft sehr teuren »Wundermittel« angepriesen werden: »Dann kann man ja gleich gute Butter nehmen.«

linke Seite: Ein Teil der Staudenrabatte der GdS im Rombergpark, Dortmund.
rechte Seite: Dauerblüher im sommerlichen Garten: die Kokardenblume (*Gaillardia*-Hybriden).

Mit anderen Worten: Nehmen Sie sich im Sommer Zeit für Ihren Garten. Viele Probleme lassen sich bei Betrachtung des Ganzen und im Detail viel eleganter lösen. Gute Gärtner wissen es schon lange: Es ist ein langer Prozess, alle Bedürfnisse und Bedingungen seiner Pflanzen und seines Gartens richtig kennenzulernen.

Im Garten gilt das Prinzip: »Der Weg ist das Ziel.« Nie ist er wirklich fertig, aber gerade darin liegt für mich einer der besonderen Reize des Gärtnerns.

Pflegekalender Sommer

JUNI

NUTZGARTEN

+ Beete von Frühgemüse werden für Folgekulturen frei: Winterendivien, Pflücksalat, Kohlrabi, Stangenbohnen, Radieschen aussäen
+ Seitentriebe in Blattachseln von Tomaten entfernen
+ Buschbohnen, Porree und Kohl etwas anhäufeln
+ Ernte von Rhabarberstängeln und Spargel nur bis Ende Juni
+ Gut tragende Erdbeeren mit Stäbchen markieren, um von diesen Ausläufer zu nehmen
+ Ausdünnen bei Apfelbäumen, kleinste Früchte raus, damit sich die übrigen besser entwickeln
+ Ernte vieler Obstarten: frühe Kirschsorten, Johannisbeeren, Stachel- und Erdbeeren
+ Folgesaaten von Salaten (Sommersorten), Radieschen und Buschbohnen
+ Bis Anfang Juni Kohlrabi und Mangold und dann Grünkohl, Buschbohnen, Sommermöhren, Rote Bete säen
+ Spätestens bis Mitte Juni Tomaten, Paprika, Auberginen, Zucchini sowie Einlege- und Schälgurken, Kürbis und Artischocken auspflanzen
+ Ende des Monats Pfefferminze und Zitronenmelisse kräftig zurückschneiden
+ Vermehrung von mehrjährigen Kräutern durch Stecklinge
+ Topfkräuter während der Saison ein- bis zweimal düngen
+ Kernobst ausdünnen und Baumkronen auslichten, Wasserschosser abreißen

ZIERGARTEN

+ Rosenmonat: verblühte Triebe um 2/3 zurückschneiden (Strauchrosen)
+ Bei anhaltender Trockenheit wässern, dabei Schlauch einzeln unter jeden Stock richten
+ Zweite Düngung bei öfter blühenden Rosen
+ Abgeblühte Rittersporne bis auf eine Handbreit über den Boden zurückschneiden, danach düngen und wässern
+ Bei Einjährigen, Stauden, Rhododendron und Flieder Verwelktes und Samenstände entfernen
+ Ende Juni leichter Sommerschnitt von Hecken
+ Aussaat von Zweijahrsblumen: Goldlack, Stiefmütterchen, Gänseblümchen, Vergissmeinnicht und Stockmalve
+ Rasen Ende Juni nochmals düngen
+ Balkon: bei anhaltender Hitze zweimal täglich gießen, Verblühtes entfernen
+ Knollen- und Zwiebelblumen auspflanzen
+ Bei anhaltenden Niederschlägen Wasser aus Untersetzern und Übertöpfen leeren, da sonst Staunässe und Wurzelfäule entstehen

JULI

NUTZGARTEN

+ Abgeräumte Gemüsebeete mit Gründüngungspflanzen einsäen
+ Grünkohl und Porree pflanzen
+ Bestehende Kulturen hacken und wässern
+ Nach Ernte bei Johannisbeere und Stachelbeere auslichten und alte Triebe wegnehmen
+ Abgetragene Himbeerruten bodennah abschneiden
+ Erdbeeren ab Ende Juni bis Mitte August pflanzen
+ Bis Mitte Juli Aussaat von: Eissalat, Knollenfenchel, Brokkoli, Kohlrabi und Buschbohnen (letzter Aussaattermin), ab Mitte Juli: Chinakohl und Pak Choi
+ Vorgezogene Chinakohl-Jungpflanzen ins Freiland setzen
+ Bis Mitte Juli Brokkoli und Rosenkohl pflanzen
+ Äpfel, falls nötig, nochmals ausdünnen, Wasserschosser entfernen
+ Schnitt von Steinobst nach der Ernte

ZIERGARTEN

+ Bartiris: Verjüngung durch Teilung der Rhizome
+ Stauden- und Sommerblumenbeete wässern (morgens!), hacken und verwelkte Blüten entfernen
+ Stauden mit abgeschlossenem Flor werden 2 Wochen nach der Blüte geteilt
+ Rasen nicht zu tief mähen, das vermindert das Austrocknen
+ Pflege von Dahlien und Gladiolen: regelmäßig Verwelktes entfernen und bei Bedarf abstützen
+ Aussaat Zweijähriger
+ Zimmerpflanzen wie Yucca-Palme, Gummibaum, Alpenveilchen oder Gliederkaktus in den Garten an einen nicht zu sonnigen Platz stellen

Pflegekalender Sommer

AUGUST

NUTZGARTEN

+ Zwiebeln erst ernten, wenn das Laub abgestorben ist
+ Bei Schattenmorelle alle abgetragenen Triebe bis auf das junge Holz zurückschneiden
+ Fallobst und faulende Früchte einsammeln (nicht auf den Kompost wegen Schädlingsgefahr)
+ Bis Mitte August Pflanzung: Kopfsalat, Winterendivie, Radicchio, Weiß- und Rotkohl, Chinakohl und Winterlauch
+ Erdbeeren pflanzen
+ Böden weiterhin regelmäßig hacken.
+ Gründüngung für abgeerntete Beete
+ Aussaaten: Feldsalat, Petersilie, Frühlingszwiebeln, Löffelkraut, Winterportulak
+ Neue, meterlange Ranken von Kiwi auf etwa 60 Zentimeter einkürzen

ZIERGARTEN

+ Madonnenlilie, Kaiserkrone und Herbstzeitlose pflanzen
+ Aussaat von Zweijahresblumen: Stockrose, Rasselblume, Goldlack, Bartnelke, Fingerhut, Nachtviole, Vergissmeinnicht, Königskerze und Veilchen
+ Bereits entwickelte Zweijahresblumen jetzt an endgültigen Platz pflanzen
+ Aussaat von Akelei
+ Herbstzeitlose *(Colchicum)* und Herbstkrokusse pflanzen
+ Lavendel zurückschneiden
+ Falls nötig, leichter Korrekturschnitt bei Hecken
+ Stecklinge machen: Buchsbaum, Fuchsien
+ Ab Monatsende gute Bekämpfungszeit von Larven des Dickmaulrüsslers mit Nematoden

SEPTEMBER

NUTZGARTEN

+ Bei winterhartem Rosenkohl Spitze herausbrechen
+ Spätgemüse (wie Winterkohl, Knollensellerie, Porree) Kopfdüngung geben und reichlich wässern
+ Rhabarber pflanzen
+ Äpfel und Birnen erst ernten, wenn sich Stiel beim Anheben vom Holz löst
+ Erdbeeren bekommen eine Kopfdüngung mit mineralischem Vollnährstoff
+ Feldsalat und Spinat aussäen
+ Kräuter wie Pfefferminze, Schnittlauch, Estragon und Zitronenmelisse durch Teilung verjüngen: äußere Bereiche des Wurzelstocks einpflanzen
+ Walnüsse ernten und lagern (trocken, luftig und einlagig)
+ In rauen Lagen erste Nachtfröste möglich: Tomaten, Gurken und Paprika abdecken

ZIERGARTEN

+ Ab Mitte September Zwiebelblumen pflanzen
+ Gehölze im zweijährigen Rhythmus mit Kalimagnesia versorgen
+ Neue Staudenbeete vorbereiten: Boden lockern und reifen Kompost einarbeiten
+ Samenernte bei Sommerblumen
+ Gefäße und Kübel vor Unwetter schützen
+ Im Keller oder Treppenhaus Platz für Kübelpflanzen zum Überwintern schaffen
+ Stauden teilen: Astilbe, Pfingstrose, Tränendes Herz
+ Im Juni blühende sowie kurzlebige Stauden zurückschneiden und teilen: Alpenaster, Islandmohn, Kokardenblume, Polsterphlox, Mädchenauge, Margerite

1. Gelbsucht bei Pflanzen

Wer kennt das nicht: Rhododendron, Kamelie und Zitrone sehen aus, als sei die Gelbsucht ausgebrochen. Man düngt, man gießt, doch die Pflanzen sehen immer armseliger aus. Schaut man genauer hin, erkennt man, dass die Blätter häufig nicht völlig gelb gefärbt sind, sondern nur die Blattzwischenräume. Die Blattadern behalten ihr Grün. Meistens handelt es sich dann um eine Eisenmangelchlorose. Eisen ist ein wichtiger Pflanzennährstoff, der in geringen Mengen zum Aufbau des Pflanzenfarbstoffs Chlorophyll benötigt wird. Selten ist zu wenig Eisen im Boden vorhanden, doch kann es in kalkhaltigen Böden von einigen Pflanzen nicht genutzt werden. So entwickelt sich der oben beschriebene Schaden. Abhilfe schafft dauerhaft nur eine Absenkung des pH-Wertes im Boden; kurzfristig kann man den Pflanzen durch Verabreichung eines speziellen Eisendüngers helfen. Am besten wirkt er, wenn er in flüssiger Form als Blattdüngung verabreicht wird. Schon nach kurzer Zeit erholen sich die Pflanzen und die Blätter färben sich wieder grün.

2. Den Rasen mulchen

Wohin mit dem Rasenschnitt? Während der Wachstumszeit fallen beim Mähen erhebliche Schnittmengen an. Die machen nicht nur Arbeit, sondern sind auch nicht einfach zu kompostieren – sie klumpen leicht und faulen oft. Mit dem richtigen Mäher kann man das Schnittgut auch auf dem Rasen liegen lassen, ohne Schaden anzurichten. Spezielle Sichelmäher schneiden die Grashalme mehrmals sehr fein. Sie verrotten schnell und geben so wieder Nährstoffe frei. Die Düngung kann daher erheblich reduziert werden; nur die Startdüngung im Frühjahr sollte man auf keinen Fall versäumen. Für solche Mulchmäher sind Rasenflächen in voller Sonne besonders gut geeignet, Schattenrasen eher nicht, weil der Mulch die Schattenwirkung verstärkt. Auch Spindelmäher (mit Schnittwalzen) sind zum Mulchen geeignet. Nur muss dann sehr häufig geschnitten werden – etwa zweimal in der Woche und nur bei trockenem Wetter. Nachteil des Mulchens: Feuchte Grashalme bleiben am Schuhwerk kleben und werden so ins Haus getragen.

3. Zitruspflanze für Einsteiger

Den richtigen Platz zum Überwintern von Kübelpflanzen zu finden ist häufig das größte Problem bei der Pflege. Hell und kalt, aber frostfrei sollte er sein. Denn was der Himmel so an Licht bietet, reicht zwischen November und Februar für

gedeihliches Wachstum an einem warmen Platz meist nicht aus. Wer ein entsprechend kaltes Quartier für die Ruhezeit nicht hat, braucht aber auf Zitruspflanzen nicht zu verzichten. Die Calamondine *(x Citrofortunella microcarpa)* ist der Einsteiger-Zitrus schlechthin, denn zur Not überwintert er auch in einem mäßig beheizten Zimmer bei Temperaturen um 15 °C. Er sollte möglichst nahe der Fensterbank stehen, aber keinesfalls in Heizungsnähe. Gardinen und Ähnliches dürfen kein Licht schlucken. Die Calamondine hat kleine orangefarbene Früchte, die das ganze Jahr über heranreifen. Sie sind roh kaum genießbar, man kann aber aus ihnen mitsamt den Schalen leckere Orangenmarmelade kochen.

4. Gibt es Pflanzen, die Schädlinge von ihren »Kollegen« fernhalten?

Zwei Klassiker der botanischen Schädlingsabwehr sind die Ringelblume *(Calendula officinalis)* und die Studentenblume *(Tagetes* in verschiedenen Sorten). Beide vertreiben schädliche Fadenwürmer (Nematoden), die im Gemüsegarten gerne Möhren oder Sellerie befallen. Tagetes lockt die Nematoden in die eigenen Wurzeln, wo sie dann absterben. In Teilen Südamerikas werden übrigens zu Ehren des Erzengels Michael kleine Tageteskreuze über die Haustür gehängt, um böse Geister abzuwehren. So werden nebenbei auch einige Stunden lang Fliegen und andere Insekten an der Türschwelle abgewehrt, da Studentenblumen einen auch für viele Insekten unangenehmen Duft ausströmen. Aus der Mischkultur gibt es weitere Beispiele für günstige Pflanzenkombinationen, bei denen sich die Partner helfen: Möhren zu Lauch, Kohlarten zu Sellerie, Knoblauch zu Erdbeeren. Vermutlich helfen die ätherischen Öle der einen Pflanze, die Schädlinge der anderen zu vertreiben.

5. Ein Miniaturteich für die Terrasse

Auch wer nur eine Terrasse besitzt, muss auf einen Platz am Wasser nicht verzichten. Ein Miniteich ist schnell angelegt, und schon nach kurzer Zeit tummeln sich Libellen und andere Tiere am kühlen Nass. Gut eignen sich halbierte Holzfässer, wasserdichte Tröge und Kunststoffgefäße (Mörtelkübel). Soll der Teich draußen überwintern, muss sich das Gefäß nach oben hin öffnen. Man wählt schwach wachsende Wasserpflanzen und setzt diese in Teichpflanzkörbe. Als Substrat sollte man Teicherde verwenden, die mit Kies abgedeckt wird. Platziert werden die Körbe in der für die Pflanzen geforderten Wassertiefe wahlweise auf dem Boden oder auf Steinen. Ein paar Schwimmblattpflanzen, die ohne Erde auskom-

men, ergänzen das Arrangement – und fertig ist die kleine Oase. An vollsonnigen Standorten mit 8 Stunden Sonnenscheindauer und bei einer Wassertiefe von mindestens 60 Zentimeter kann man sogar die prachtvollen Seerosen-Hybriden kultivieren. Sie und andere nicht frostharte Stauden überwintern im Spätherbst mitsamt ihren Pflanzkörben an einem kühlen, dunklen Platz und werden während dieser Zeit leicht feucht gehalten.

6. Die geeignete Kübelpflanze für meinen Garten

Kübelpflanzen sind Individualisten, etwa wenn es um die Überwinterung geht. Deshalb muss sich jeder Gärtner, der eine Kübelpflanze kaufen möchte, zunächst die Frage stellen: Welche Überwinterungsmöglichkeiten habe ich? Wer nur eine dunkle Garage oder einen Keller besitzt, sollte Pflanzen wählen, die im Herbst entlaubt werden können und bei 10 °C in eine Ruhephase treten. Hierzu zählen *Bougainvillea*, Trompetenwinde *(Tecomaria capensis)*, Hammerstrauch *(Cestrum)*, Korallenstrauch *(Erythrina crista-galli)*, die Echte Feige *(Ficus carica)*, Granatapfel *(Punica granatum)*, Fuchsien und die allseits beliebte Engelstrompete *(Brugmansia)*. Wichtig ist, dass bei der Überwinterung die Temperatur nicht über 10 °C steigt und die Pflanzen ab und zu gegossen werden. Freie Auswahl hat man, wenn ein kalter Wintergarten zur Verfügung steht. Dann kann man nach Herzenslust mediterrane und subtropische Kübelpflanzen anschaffen, die frostfrei, aber hell überwintern müssen. Die schönsten australischen und südafrikanischen Gehölze gehören hierzu sowie alle echten Mediterranen wie Zitrusgewächse, Olive *(Olea europaea)* und Oleander *(Nerium oleander)*. Eine pfiffige Möglichkeit für kühle, aber frostfreie und helle Überwinterung ist übrigens eine Außenkellertreppe, die man leicht mit einer lichtdurchlässigen Noppenfolie zum Winterquartier umfunktionieren kann.

7. Top Five der Salate und Gemüse

Wer wenig Platz hat und dennoch Salat und Gemüse selbst ziehen möchte – hier unsere Top Five für einen hohen Ertrag bei wenig Aufwand. Platz Nr. 1: Die Zucchini. Eine einzige Pflanze versorgt eine vierköpfige Familie von Juli bis Ende September laufend mit jungem Fruchtgemüse. Voraussetzung: feuchter, nährstoffreicher Boden in sonniger Lage. Nr. 2: Pflücksalate lassen sich über Wochen hinweg laufend beernten. Wenn sie zu blühen drohen, pflanzt man einfach neue Exemplare nach. Nr. 3: Rucola, die gelb blühende Wilde Rauke *(Diplotaxis tenuifolia)*, ist mehrjährig und lässt sich laufend ernten. Anders die einjährige Salatrauke *(Eruca sativa)*: Wenn sie in Blühstimmung (Blütenfarbe weißlich) kommt, folgen kaum noch Blätter. Nr. 4: Stangenbohnen – unbedingt fadenlose Sorten wählen. Pro Quadratmeter kann man bis zu 30 Samen bzw. Pflanzen einbringen; pro Stange (insgesamt 3 Meter lang, 50 Zentimeter tief im Boden) etwa 10 Bohnen säen. Nr. 5: Mangold – wächst nicht sonderlich schnell, sieht aber äußerst dekorativ aus und hat einen kräftigen, erdigen Geschmack. Es gibt ihn als Samenmischung in den Farben Weiß, Gelb, Orange oder Rosa bis hin zu Rot.

8. Das stinkt zum Himmel – Mit Jauche düngen

Starkzehrer unter den Gemüsen und kräftig wachsende Einjährige können mit Großmutters Brennnesseljauche besonders wirkungsvoll gedüngt werden. Einfach 1 Kilogramm frisches Brennnesselkraut *(Urtica dioica)* in einen Eimer mit 10 Liter Wasser geben und an sonniger Stelle 2 bis 3 Wochen vergären lassen. Gegen den Geruch hilft eine dünne Schicht Gesteinsmehl auf der Oberfläche.

Die Jauche wird im Verhältnis 1:10 mit Wasser verdünnt in den Wurzelbereich gegossen. Neben Stickstoff als Hauptnährstoff enthält sie viele andere pflanzenbekömmliche Inhaltsstoffe. Dieser rein organische, preiswerte Dünger regt zusätzlich das Bodenleben an. Zum Düngen von Beerenobst und anderen Pflanzen, die viel Kalium benötigen, kann man der Jauche noch kalireiche Beinwellblätter zugeben.

9. Oliven vom eigenen Ölbaum

Immer beliebter wird der Ölbaum *(Olea europaea)*, den es regelmäßig im Frühjahr in Gartencentern zu erschwinglichen Preisen gibt. Der Olivenbaum ist eines der robustesten Gehölze, vor allem für den Kübel. Jedenfalls steckt er es locker weg, wenn der Topfballen einmal kurzzeitig austrocknet. Viele wundern sich nur, dass ihr Bäumchen regelmäßig im Spätfrühling zwar blüht, aber nur erbsengroße Fruchtansätze bildet. Echte Steinfrüchte, wie man sie aus den Mittelmeerländern kennt, bilden spezielle selbstfruchtbare Sorten, die man wirklich sicher nur beim Kübelpflanzen-Fachhändler bekommt. Bei den anderen Ölbäumen braucht man ein zweites Exemplar einer anderen Sorte. Nur wenn beide Ölbäume genetisch verschieden sind, findet eine Befruchtung der Samenanlagen durch den Wind statt. Im Mittelmeerraum wehen zur Blütezeit ganze Pollenwolken kilometerweit durchs Land, leider aber nicht über die Alpen bis zu uns. Ist man in der glücklichen Lage, eigene Oliven zu ernten, müssen ihnen die Bitterstoffe entzogen

werden, um sie genießbar zu machen. Die einfache Variante: Die Oliven 6 Wochen in Salzlake einlegen: 100 Gramm Salz auf 1 Liter Wasser. Das reicht für etwa 1 Kilogramm Früchte. Die Lake während der Zeit mehrmals erneuern.

10. Urlaubszeit – Was taugen Bewässerungssysteme für Topfpflanzen?

Es kommt auf die Pflanzen an – manche vertragen durchaus eine längere Trockenphase (etwa Sukkulenten wie Euphorbien und Kakteen), andere stehen am liebsten permanent im Wasser (Zyperngras). Für solche Kandidaten braucht man kein Bewässerungssystem – sie sind also ideal für Reisejunkies. Die meisten Zimmerpflanzen benötigen jedoch alle paar Tage frisches Wasser. Für kleinere Töpfe bewähren sich Bewässerungskugeln oder auch Weinflaschen mit schlankem Hals, die mit Wasser gefüllt umgekehrt in die Erde gesteckt werden. Für mittlere Töpfe sind poröse Tonkegel praktisch. Sie saugen über einen Schlauch aus einem Vorratsbehälter Wasser an. Da man mehrere Kegel in einen Topf stecken kann, ist diese Methode flexibel und gleichzeitig sehr preiswert. Ein genügend großer Vorratsbehälter kann mehrere Wochen Wasser liefern. Für große Pflanzen eignen sich Kulturgefäße mit integriertem Wasserspeicher oder automatische Bewässerungssysteme, mit denen mehrere Dutzend Töpfe bewässert werden können. Generell gilt: die Heizung runterregeln, die Rollläden etwas herunterlassen und die Pflanzen vom sonnigen Fensterbrett weiter in den Raum hinein setzen, denn weniger Wärme und weniger Licht senken die Assimilation und damit auch den Wasserverbrauch der Pflanzen.

Fragen & Antworten

ZUM SOMMERGARTEN

Sommerblühende Sträucher

Wir haben an unserem Ferienhaus einen pflegeleichten Garten mit vielen Sträuchern und Rasen. Leider blüht im Sommer, wenn wir hier Urlaub machen, gar nichts mehr. Haben Sie zuverlässige Kandidaten für uns?

In den meisten Gärten finden sich nur Sträucher, die im Frühling und Frühsommer blühen. Oftmals wird bei der Erstausstattung des Gartens schlicht das Standardsortiment eingekauft, ohne zu überdenken, zu welcher Zeit man den Garten genießen möchte. Aber es gibt natürlich eine schöne Palette sommerblühender Sträucher. Sehr beliebt ist der Sommerflieder (*Buddleja davidii*-Hybriden). Aus Ostasien kommend, hat er sich längst auf trockenem Brachgelände selbstständig gemacht. Weiß und viele Violetttöne umfasst das Farbspektrum seiner Blüten. Wenn man ihm einen eher mageren, sonnigen Platz zuweist, wird er nur 1,5 bis 2 Meter hoch, blüht überschwänglich und lockt mit seinem Nektar Schmetterlinge an.

Ein hübscher mannshoher Strauch für warme Lagen ist die Abelie *(Abelia x grandiflora)*. Von Juli an erscheinen die zartrosa Blüten, die als Dreingabe noch zart duften. Etwas für den größeren Garten, dann aber von unschätzbarem Wert, ist die Strauchkastanie *(Aesculus parviflora)*, die mit der Zeit einen Durchmesser von 5 Meter erreichen kann. Im lichten Gehölzschatten schiebt sie ihre cremefarbenen, aufrecht stehenden, 30 Zentimeter langen Blütenrispen. Auch die Früchte, die gelegentlich gebildet werden, sehen sehr schön aus.

Zu größeren Sträuchern wachsen auch der sommerblühende Hibiskus *(Hibiscus syriacus)* und die Französische Tamariske *(Tamarix gallica)*. Tamarisken sind sehr elegante Sträucher, die frei stehen sollten, um ihre volle Schönheit entfalten zu können. Neben den rosa Blütenwolken im Spätsommer ziert sie das feine heidekrautartige Laub. Sie sind Sonnenkinder, die auf kalkfreien, leichten Böden stehen wollen. Nur etwas für milde, sonnige Lagen ist der Chinesische Losbaum *(Clerodendrum trichotomum var. fargesii)*. Die seltsamen spinnenartigen, cremefarbenen Blüten werden abgelöst von metallisch glänzenden, bläulichen Früchten.

Klassische Halbsträucher für den Hochsommer sind die blau blühenden Bartblumen *(Caryopteris x clandonensis)* und die Perovskie *(Perovskia abrotanoides)*. Sie passen am besten in sonnige Rabatten, zu mediterranen Kräutern und anderen Sonnenanbetern.

Hübsch sind auch die sommerblühenden Johanniskräuter *(Hypericum spec.)*. Als schönster Vertreter gilt *H. forrestii*. Der Kleinstrauch wird etwa 1 Meter hoch und blüht ab Juli mit tiefgelben Schalenblüten. Niedriger bleibt *H. calycinum*, den man als Bodendecker verwenden kann. Nach Frostschäden treibt er willig wieder aus. Als Bodendecker kann man auch die verschiedenen Sorten von *Calluna vulgaris* verwenden. Sie blühen über Monate hinweg in Weiß, Rosa und Rot-Violett.

Auch unter den Kletterpflanzen blühen etliche genügsame Vertreter spät im Sommer. Mit gelben Blüten schmücken sich *Clematis tangutica* und *C. orientalis*, orange oder gelborange blüht die Trompetenblume *(Campsis radicans)*.

oben: Der selten gepflanzte Losbaum bildet Blüten von unwirklicher Schönheit aus, gefolgt von blauen Beeren.
unten: Die Bartblume bringt im Hochsommer noch einmal richtiges Blau in den Garten zurück.

2 Buchsbaum ist beim Schnitt sensibel

→ *Meine Buchsbaumhecke sieht an mehreren Stellen ganz vertrocknet aus. Deshalb möchte ich sie schneiden. Wann ist der richtige Zeitpunkt dafür?*

Gegen Ende Juni ist der Neuaustrieb des Buchsbaums *(Buxus sempervirens)* weitgehend abgeschlossen. Wenn die Sträucher nicht weiter an Umfang zunehmen, sondern ihre Form behalten sollen, kann der größere Teil des Neuaustriebs wieder weggenommen werden. Was dann noch später nachwächst, kann bis zu den ersten Frösten ausreifen. Nur bei kleinen Einfassungshecken aus *B. sempervirens* 'Suffruticosa' wird gerne auch ein zweites Mal, gegen Ende August, nachgeschnitten. Doch Vorsicht: Es sollte nur an trüben Tagen geschnitten werden, damit die frei gestellten Blätter keinen Sonnenbrand bekommen.

Leider wird die Freude am Buchs zunehmend getrübt durch einen neuartigen pilzlichen Krankheitserreger. *Cylindrocladium buxicola* heißt der Übeltäter, der nicht, wie viele andere Pilze, auf verletztes Gewebe (Schnittstellen) als Eingangspforte angewiesen ist, sondern an warmfeuchten Tagen über die Blätter und Äste in das Gewebe eindringt.

Der Pilz verursacht ein Triebsterben, wobei sich anfangs von den Blatträndern her braune bis dunkelbraune Flecken bilden, die sich auf den Blättern ausbreiten. An den holzigen Trieben findet man dunkle Streifen, der befallene Buchs verliert allmählich zahlreiche Blätter, und im Verlauf sterben ganze Triebe ab. Seine Sporen bildet der Pilz an den Blattunterseiten aus, gut erkennbar durch einen weißlichen Belag, in Abgrenzung

links oben: Typische Symptome des Buchsbaumkrebses sind die hell verfärbten Blätter mit Sporenlagern.
rechts oben: Geschnittene Buchsbaumeinfassungen geben Kräuter- und Blumenbeeten eine klare Struktur.

zu einer anderen, gefährlichen Pilzkrankheit, dem Buchsbaumkrebs *(Volutella buxi)*, der ebenfalls auf der Blattunterseite Sporenlager bildet, die sich jedoch von anfänglichem Weiß in Fleisch- bis Rosafarben umfärben.

Die Bekämpfung gestaltet sich schwierig, da es für den Privatgarten keine zugelassenen Fungizide gibt. Ein optimaler Standort und gewisse Pflanzenhygiene sind daher oberstes Gebot. Optimal heißt gut belüftet, damit die Feuchtigkeit schnell abtrocknen kann. Befallene Pflanzen sollten, wenn sie klein sind, ausgegraben und über den Hausmüll entsorgt werden. Die abgefallenen Blätter sollten eingesammelt und vernichtet werden, denn der Erreger überlebt aller Wahrscheinlichkeit nach einige Jahre in der obersten Bodenschicht. Deshalb sollte man auch gleich die oberen Zentimeter Boden abgraben und entsorgen. Bei größeren, wertvollen Pflanzen kann man bei Infektionsbeginn einen scharfen Rückschnitt ins gesunde Holz versuchen.

Die Anfälligkeit für das Buchsbaum-Triebsterben ist je nach Sorte unterschiedlich hoch. Leider gilt gerade die für niedrige Einfassungen so beliebte Sorte *Buxus sempervirens* 'Suffruticosa' als besonders heikel. Die Sorten 'Arborescens', 'Blauer Heinz' und 'Elegantissima' zeigten sich weniger anfällig. Sorten von *B. microphylla* ('Herrenhausen', 'Faulkner') sind als widerstandsfähig einzustufen. Beim Neukauf sollten die Pflanzen sorgfältig ausgewählt und auf Erkrankungssymptome hin untersucht werden.

3 Clematis – Fuß im Schatten, Kopf im Licht

Ich habe ein Problem mit meiner Clematis. Immer wenn sie gerade ein Spalier bis oben bewachsen hat und mit der Blüte beginnt, werden die Knospen und Blätter plötzlich welk.

Die Clematis ist an sich eine anspruchslose Pflanze, die dem Gärtner weitaus mehr Vergnügen als Probleme bereitet. Bis auf die großblumigen Vertreter sind sie wenig krankheitsanfällig, vor allem wenn sie richtig gepflanzt sind: Clematis stehen gerne mit dem Fuß im Schatten und mit dem Kopf im Licht. Dazu lieben sie einen optimal mit Nährstoffen versorgten Boden, der weder staunass noch knochentrocken sein sollte.

Bei den prächtigen Hybriden kann die Clematiswelke, ein pilzlicher Erreger, jedoch die Freude an der Blütenpracht trüben. Der Pilz, der in die Leitungsbahnen eindringt, lässt die oberen Astpartien absterben. Diese erscheinen dann wie verwelkt. Hier hilft nur kräftiger Rückschnitt bis ins gesunde Holz.

Von der Clematiswelke sind vor allem die großblumigen Hybriden betroffen. Wenn der Standort keine optimalen Voraussetzungen bietet, sollte

: GEWUSST WIE

Arbeitsgerät desinfizieren

Wer von Krankheiten befallene Pflanzen mit einer Gartenschere bearbeitet, sollte nicht vergessen, anschließend das Gerät zu desinfizieren. So wird verhindert, dass etwa Pilzerreger der Clematiswelke weitergetragen werden. Es genügt ein Handdesinfektionsmittel.

man auf die kleinblumigen, aber sehr reich blühenden Arten und Sorten ausweichen. Besonders von *C. viticella* sind in den letzten Jahren viele neue Züchtungen auf den Markt gekommen, die von zartem Rosa bis zu samtigem Dunkelviolett in allen Schattierungen blühen und in der Regel kerngesund sind.

Übrigens verzaubern einige Clematisarten nicht nur mit ihrer Blütenpracht. *C. montana var. wilsonii* verströmt bei Wärme einen hinreißenden Duft nach Schokolade, die kleinblütige, weiß-violett blühende *C. x triternata* 'Rubro-marginata' besitzt einen starken Mandelduft. Eine ganz besondere Clematis ist die in hellgelben Glöckchen blühende *C. rehderiana*, deren Duft an Schlüsselblumen erinnert. Sie sollte viel häufiger gepflanzt werden.

oben: Die großblumige gefüllte Hybride (Multi Blue) lässt sich auch gut in einem Kübel halten.
linke Seite: Die Clematiswelke frustriert vor allem Liebhaber der großblumigen Hybriden.

4 Schöne Hecken rund ums Jahr

In unserer Nachbarschaft wird diskutert, ob der Heckenschnitt im Sommer eigentlich erlaubt ist. Gibt es da einheitliche Regelungen?

In etlichen Bundesländern gibt es Gesetze oder Verordnungen, die den starken Rückschnitt von Hecken von Anfang März bis Ende September untersagen, leichte Korrekturschnitte sind erlaubt. Grundlage ist dabei das Bundesnaturschutzgesetz aus dem Jahr 2002, und zwar § 2 Absatz 1 in den Punkten 9. und 10. Dort heißt es sinngemäß, wild lebende Tiere und ihre Lebensräume sowie Lebensbedingungen seien zu schützen. Konkret werden auch Hecken in besiedelten Bereichen genannt. Das Schnittverbot wird demgemäß mit dem Schutz brütender Singvögel begründet.

Den allermeisten Gärtnern liegt der Schutz der Singvögel besonders am Herzen, auch in solchen Bundesländern, wo es keine gesetzlichen Bestimmungen zum Heckenschnitt gibt. Andererseits wünschen Gärtner auch ordentlich geschnittene, dekorative Hecken. Das Gute daran ist: Beides – Vogelschutz und ordentlich geschnittene Hecken – ist miteinander vereinbar. Dazu muss man nur ein paar Dinge beachten: Die stärksten Eingriffe, also den Grundschnitt der Hecke, nimmt man am besten im Winter vor. Ein guter Zeitpunkt ist Ende Februar. Dabei wird die Mindesthöhe und -breite festgelegt. Jährlich auf 1,50 Meter eingekürzte Hecken bieten zusammen mit dem Jahreszuwachs meist ausreichenden Sichtschutz. Für die obere Breite genügen 40 Zentimeter, an der Basis 60 bis 70 Zentimeter.

Einige Heckenarten sind derart wuchsstark, dass sie im Laufe des Sommers ihre Form verlieren. Das sind die Kandidaten, die gegen Ende Juni gestutzt werden. Dabei darf man nicht radikal auf die Ebene des Winterschnittes zurückschneiden, sondern muss 10 bis 15 Zentimeter vom Zuwachs stehen lassen. Den Ansprüchen der

Singvögel ist damit Rechnung getragen, denn die Nester werden durch schützendes Laub versteckt und die Hecken bleiben blickdicht. Auch den Ansprüchen der Sträucher kommt man so entgegen. Ein Radikalschnitt würde die Assimilation (Stoffumwandlung durch Photosynthese) unterbrechen, wodurch die Heckenpflanzen enorm geschwächt und ihrer Vitalität beraubt würden.

Zu den Heckensträuchern, die in der Regel einen Sommerschnitt benötigen, gehören u. a. Feldahorn *(Acer campestre)*, Hainbuche *(Carpinus betulus)*, Scheinzypresse *(Chamaecyparis lawsoniana)*, Rotbuche *(Fagus sylvatica)*, Liguster *(Ligustrum vulgare)*, Feuerdorn *(Pyracantha coccinea)* und Eibe *(Taxus baccata)*. Wenn der Sommer sehr feucht ist, treiben besonders wuchsstarke Hecken (z. B. Hainbuche) mitunter nochmals kräftig aus. Dann kann im August ein weiterer, leichter Korrekturschnitt in der Höhe erfolgen. Wer dies beachtet, schützt Hecken und Vogelwelt gleichermaßen und wird Nester von Singvögeln meist erst beim Winterschnitt entdecken.

rechts: Roter Neuaustrieb der Blutbuchenhecke nach dem Sommerschnitt.
linke Seite: Zu starker Rückschnitt schwächt die Eibenpflanzen.

5 Remontierende Stauden – Blütenpracht den ganzen Sommer lang

Mein kleiner Garten ist bis zum Frühsommer sehr schön, doch dann blüht gar nichts mehr. Gibt es Stauden, die den ganzen Sommer über blühen?

Den ganzen Sommer über blühen nur die einjährigen Saisonpflanzen, die durch Züchtung so verbessert wurden, dass sie von Mitte Mai bis in den Oktober hinein unermüdlich Knospen bilden. Stauden können dies nicht, sie bilden in der Regel nach der Blüte Samen aus und stecken ihre Kraft in die Entwicklung von Überwinterungstrieben für das nächste Jahr. Allerdings gibt es auch unter den Stauden Kandidaten, die, wenn sie richtig behandelt werden, einen zweiten Blütenflor ausbilden. Diese Eigenschaft wird als Remontieren bezeichnet. Das bekannteste Beispiel ist der Rittersporn, der im Mai seine bis zu 2 Meter hohen blauen Blütenstiele ausbildet. Schneidet man ihn direkt nach der Blüte eine Handbreit über dem Boden ab und versorgt die Pflanzen mit Kompost und Dünger, kann man im Juli mit einer zweiten Blüte rechnen.

Noch eine Reihe anderer Stauden reagiert auf einen Rückschnitt nach der ersten Blüte mit einem zweiten Blütenflor: die Katzenminze, der Feinstrahl (*Erigeron*-Hybriden), die Sorten des blau blühenden Steppensalbeis und der gelbe Sonnenhut. Man sollte mit dem Schnitt nicht zu lange warten, da sonst zu viel Kraft in die Samenproduktion geht und eine zweite Blüte eventuell ausbleibt.

Eine andere Gruppe von Stauden remontiert gut, wenn die welken Blüten regelmäßig entfernt werden. Sie dürfen jedoch nicht radikal zurückgeschnitten werden, da sie dann meist keine Kraft für einen zweiten Durchtrieb haben. Zu ihnen gehören einige Taglilien (*Hemerocallis* 'Maikönigin', 'Stella de Oro'), manche Hohe Bartiris, die Spornblume, die Sterndolde, niedrige Glockenblumen und die Moschusmalve.

Manche Stauden sehen nach dem ersten Blütenflor unordentlich und kränklich aus. Hier unterstützt ein kräftiger Rückschnitt nach der Blüte den gesunden Neuaustrieb, ohne zwingend zu einem zweiten Blütenflor zu führen. Besonders der Frauenmantel und einige Storchschnäbel profitieren von dieser Kur und sehen bis in den Herbst hinein wieder ansehnlich aus. Eine leichte Düngergabe unterstützt den Durchtrieb.

rechts: Die Hohe Bartiris 'Mesmerizer' blüht in warmen Jahren im Herbst ein zweites Mal, wenn die abgeblühten Stiele im Juni herausgebrochen werden.

Pflanzliste für remontierende Stauden

Name	Zeit	Farbe	Höhe (cm)
Rittersporn (*Delphinium-Belladonna*-Hybriden, *Delphinium-Elatum*-Hybriden, *Delphinium*-Pacific-Hybriden)	VI–VII und VIII–IX	Weiß, alle Blautöne	80–200
Katzenminze *(Nepeta x faassenii)*	V–VI und VII–X	Violett	25–30
Feinstrahl *(Erigeron-Hybriden)*	VI–VII und IX	Lila, Dunkelrot, Weiß	50–80
Steppensalbei *(Salvia nemerosa)*	V–VI und VII–X	Violett	40–60
Sonnenhut *(Rudbeckia fulgida)*	VII–X	Goldgelb	50–70
Taglilien (*Hemerocallis*-Hybriden 'Maikönigin', 'Stella de Oro')	VI–VII und IX	Goldgelb	50–70
Hohe Bartiris (*Barbata-Elatior*-Gruppe: 'Mesmerizer', 'Immortality', 'Mariposa Skies')	V/VI und X	Weiß, Dunkelblau-Weiß	70–100
Spornblume *(Centranthus ruber)*	VI–X	Weiß, Rosa, Dunkelrot	60–90
Sterndolde (*Astrantia-Major*-Hybriden)	VI–VIII	Blau, weiß	60–80
niedrige Glockenblumen *(Campanula portenschlagiana, C. porschakyana)*	V–X	Rosa, Weiß	20–30
Moschusmalve *(Malva moschata)*	VI–X	Rosa, Weiß	60–80
Frauenmantel *(Alchemilla mollis)*	VI–VI	Gelbgrün	30–50
Storchschnabel *(Geranium macrorrhizum, G. magnificum, G. pratense)*	V–VI und VIII	Rosa, Blau, Violett	30–50

6 Schneller Sichtschutz für neue Gärten

Unser neuer Garten ist von einem hässlichen Maschendrahtzaun umgeben, an den wir jetzt eine Buchenhecke gepflanzt haben. Womit kann der Zaun so lange begrünt werden, bis die Hecke hoch genug ist?

Für die schnelle und vorübergehende Berankung von Zäunen eignet sich eine ganze Reihe von einjährigen Kletterpflanzen hervorragend. Im Frühling aus Samen herangezogen oder nach den Eisheiligen in der Gärtnerei gekauft, begrünen sie in wenigen Wochen mehrere Quadratmeter Fläche und schmücken sich bis zu den ersten Frösten mit farbenprächtigen Blüten, um dann abzusterben.

Sie sollten so gepflanzt werden, dass sie nicht in Konkurrenz zu den Wurzeln dauerhafter Gewächse treten, beispielsweise auf die andere Seite eines Zaunes oder in größere Lücken zwischen die Sträucher. Alle einjährigen Kletterpflanzen, egal ob Schlinger oder Blattranker, benötigen ein Rankgerüst, an dem sie sich festhalten können. Da solche Kletterkünstler in kurzer Zeit eine große Blatt- und Blütenmasse produzieren sollen, muss die Pflanzstelle gut umgegraben und mit Kompost und einem Langzeitdünger versorgt werden. Auf Schneckenfraß ist besonders zu achten.

Ausgesät wird im Frühling auf der Fensterbank. Das Vorziehen lohnt den Mehraufwand, denn die Pflanzen haben gegenüber der Direktaussaat einen deutlichen Vorsprung. Feuerbohne (*Phaseolus coccineus*, 4 bis 5 Meter, Blüte rot) und die kletternden Formen der Kapuzinerkresse (*Tropaeolum spec.*, 2 bis 4 Meter, Blüte gelb, orange, rot) können auch problemlos direkt nach draußen gesät werden.

Auf sonnige Standorte angewiesen sind Prunkwinde (*Ipomoea spec.*, 2 bis 5 Meter, Blüte weiß, violett, hellblau), der Flaschenkürbis (*Lagenaria siceraria*, 3 bis 6 Meter, Blüte weiß), die äußerst hübsche und schnell wachsende Sternwinde (*Ipomoea lobata*, 3 bis 4 Meter, Blüte gelborange) und der Zierkürbis (*Cucurbita pepo var. ovifera*, 3 bis 6 Meter, Blüte gelb). Etwas weniger Sonne benötigen Duftwicken (*Lathyrus odoratus*, 1 bis 2 Meter, Blüte weiß, rosa, violett), die Glockenrebe (*Cobaea scandes*, 3 bis 6 Meter, Blüte violett oder weiß), der Japanische Hopfen (*Humulus scandens*, 3 bis 6 Meter, Blüte grün), die Schönranke (*Eccremocarpus scaber*, 3 bis 5 Meter, Blüte rotgelb) und die Schwarzäugige Susanne (*Thunbergia alata*, 1 bis 2 Meter, Blüte creme, gelb, orange).

Übrigens überleben einige dieser bei uns nicht winterharten Kletterer in ihrer Heimat die kalte Jahreszeit. *Ipomoea alba* beispielsweise kann im Herbst ausgegraben und, in Erde eingeschlagen, frostfrei eingelagert werden.

rechts: Mit einem unwirklichen Blau wartet *Ipomoea* 'Heavenly Blue' auf, hier am Fuße eines Olivenbaums.
linke Seite: Die neuen Sorten der Schwarzäugigen Susanne blühen in vielen Orange- und Gelbtönen.

7 Silbersommer – Attraktive Pflanzen für trockene Beete

Wir möchten gerne an der Südseite unseres Gartens in Sonnenlage ein hübsches Beet anlegen. Können Sie eine Bepflanzung empfehlen, die wenig Arbeit macht?

Für trocken-heiße Beete in vollsonniger Lage sind Spezialisten unter den Pflanzen gefragt. Gerade bei den Stauden gibt es Kandidaten, die völlig ohne Düngung und Wässerung auskommen und dabei von Jahr zu Jahr sogar üppiger werden – und das alles bei geringem Pflegeaufwand. Experten vom Arbeitskreis »Pflanzenverwendung« im Bund deutscher Staudengärtner haben Pflanzlisten entworfen, die über einige Jahre an mehreren trocken-heißen Standorten getestet wurden. Dabei wurde beobachtet, wie sich die Pflanzung entwickelte und wie hoch der Pflegeaufwand war. Eine der bekanntesten Pflanzlisten heißt »Silbersommer«, eine übers ganze Jahr attraktive Kombination von Stauden und Gräsern. Die Angaben zum Pflegebedarf während des Jahres variieren (nach dem ersten Jahr) zwischen 2 und 5 Minuten je Quadratmeter.

»Silbersommer« – das sind 30 verschiedene Wildstaudenarten oder -sorten mit Wildcharakter und entsprechender Robustheit, die ein abwechslungsreiches Bild garantieren. Der Name »Silbersommer« ist wirklich treffend, weil überwiegend helle, leuchtende und silbrige Farben ausgewählt wurden. Den ersten Eindruck bestimmen sogenannte Gerüstbildner, Gewächse, die sofort Blicke auf sich lenken. Dazu gehören Atlas-Schwingel, ein mächtiges Gras mit dünnen, überhängenden Halmen, das Brandkraut und die Königskerze. Unter den Begleitpflanzen finden sich Astern, Wolfsmilch und die herrliche Präriekerze. Sie ist zwar nicht völlig winterhart, versamt sich aber gut und legt von Juli bis Oktober einen charmanten silbrig-weißen Schleier über die Pflanzung. Bodendeckerstauden und Füllpflanzen runden das Bild ab und füllen Lücken aus. Bereits im Februar eröffnen Zwiebelpflanzen mit leuchtenden Farben den Blütenreigen. Die empfohlenen Mengenanteile sehen wie folgt aus: gerüstbildende Arten 10 Prozent, Begleiter 30 Prozent, Füllpflanzen 10 Prozent, Bodendeckerstauden 50 Prozent; Zwiebelpflanzen werden zusätzlich gezählt. Natürlich muss längst nicht jede Sorte der Silbersommerliste eingesetzt werden – durch Weglassen einzelner Arten lassen sich eigene Akzente setzen. Die empfohlenen Stückzahlen je Fläche sind nur Durchschnittswerte, insgesamt ergeben sich etwa 8 Pflanzen je Quadratmeter

rechts: Ein Ausschnitt aus einem Kiesbeet im September. Die Blüten von *Echinacea pallida* wirken auch im Winter, wenn nur noch die Fruchtstände erhalten bleiben, sehr zierend.

links: Das Silbersommerbeet im März. Wildtulpen läuten das Frühjahr ein, erste Stauden treiben aus.
rechts: Im April präsentiert sich das Beet in dezenteren Farbtönen von Gelb-Weiß-Chartreuse.

(ohne Zwiebelpflanzen).
Besonders pflegeleicht wird das Beet, wenn man vor der Pflanzung sogenannten mineralischen Mulch 5 bis 7 Zentimeter dick aufträgt, also gebrochenes Material aus dem Steinbruch. Zum einen kann Unkraut nicht so leicht Fuß fassen, weil die Oberfläche schnell abtrocknet, der Boden darunter aber relativ feucht bleibt. Zum anderen können starke Niederschläge den Boden nicht verschlämmen, das Beet muss also nicht gehackt werden. Ihre ganze Stärke zeigt diese Pflanzenkombination auf eher mageren Böden, die auch nicht verbessert werden sollten. Bei geringerer Entwicklung der Einzelpflanze aufgrund eines mageren Bodens erhöht man besser die Stückzahl pro Quadratmeter, als den Boden mit Nährstoffen anzureichern. Schwere Böden sollten unbedingt mit Splitt, Schotter oder grobem Sand abgemagert werden. Staunässe darf auf keinen Fall auftreten.

Bei der Pflanzung selbst ist kein Plan notwendig. Die Pflanzen mit der geringsten Stückzahl werden zunächst auf der Fläche verteilt und anschließend alle übrigen. Erst wenn ein schönes Bild entstanden ist, wird eingepflanzt und natürlich gründlich gewässert. Wenn im Jahr der Pflanzung lange Trockenphasen auftreten, muss gelegentlich durchdringend gewässert werden, in den Folgejahren ist dies nicht mehr nötig. Die Pflanzung erhält sich ganz von selbst, nur Unkraut muss gelegentlich gezupft werden. Mitte Februar werden alle abgestorbenen Pflanzenreste abgemäht und entfernt.

Pflanzen für den Silbersommer

NAME	BLÜTEZEIT	BLÜTENFARBE	STÜCK PRO 10M²
Gerüstbildner			
Goldgarbe (*Achillea filipendulina* 'Coronation Gold')	VI–X	Gelb	2
Atlas-Schwingel (*Festuca mairei*)	Herbst: Rückschnitt zeitiges Frühjahr		1
Blauraute (*Perovskia abrotanoides*)	VIII–X	Blau	1
Hohe Fetthenne (*Sedum telephium* 'Herbstfreude')	IX–X	Dunkelrot	2,5
Silberährengras (*Stipa calamagrostis* 'Allgäu')	VII–IX		1
Königskerze (*Verbascum bombyciferum*)	VI–VIII	Gelb	1
Begleitstauden			
Perlkörbchen (*Anaphalis triplervis* 'Silberregen')	VIII–X	Weiß	3,5
Bergaster (*Aster amellus*)		Blaulila	3,5
Goldaster (*Aster linosyris*)	VIII–X	Gelb	3,5
Gold-Wolfmilch (*Euphorbia polychroma*)	V–VI	Gelb	3,5
Präriekerze (*Gaura lindheimeri*)	VII–X	Weiß	2
Rote Witwenblume (*Knautia macedonica*)	VII–XI	Dunkelrot	3,5
Großer Ehrenpreis (*Veronica teucrium* 'Knallblau')	V–VII	Blau	3,5
Füllpflanzen (kurzlebige Arten)			
Rasselblume (*Catananche cerulea*)	VII–XI	Blau	2,5
Blauer-Stauden-Lein (*Linum perenne*)	VI–VIII	Blau	2,5
Weiße Lichtnelke (*Lynchis coronaria* 'Alba')	VII–IX	Weiß	2
Gelbe Skabiose (*Scabiosa ochroleuca*)	VI–X	Hellgelb	2
Bodendeckerstauden			
Großes Windröschen (*Anemone sylvestris*)	IV–VI	Weiß	5
Steinquendel (*Calamintha nepeta*)	VII–IX	Blau	6,5
Zypressen-Wolfsmilch (*Euphorbia cyparissias*)	VI–VII	Gelb	5
Kaukasus-Storchschnabel (*Geranium renardii*)	V–VII	Weiß	6
Weißer Blutschnabel (*Geranium sanguineum*)	VI–VIII		6
Kleines Habichtskraut (*Hieracium pilosella* 'Nivea')	V–VI	Gelb	6,5
Katzenminze (*Nepeta x faassenii*)	V–IX	Hellblau	5

8 Bartiris sind keine Hungerkünstler

→ *Meine schönen Bartiris werden von Jahr zu Jahr blühfauler. Woran kann das liegen?*

Moderne Bartiris (*Iris Barbata-Elatior*-Gruppe) zeichnen sich durch eine ungeheure Vielfalt an Blütenfarben und deren Kombinationen aus. Im Gegensatz zu ihren alten Verwandten, die ab 1890 bis in die 50er Jahre gezüchtet wurden und jahrelang am gleichen Platz stehen können, sollten die neueren Züchtungen alle 3 bis 4 Jahre aufgenommen, geteilt und an anderer Stelle aufgepflanzt werden. Der optimale Zeitpunkt hierfür ist der Hochsommer von Mitte Juli bis Ende August. In diesen Monaten bilden sich an den Rhizomen die neuen Wurzeln, und aus den noch winzigen Augen entstehen neue Seitenrhizome.

Von dem ausgegrabenen Stock werden nur die wüchsigen, äußeren Teilstücke mit einem Messer abgeschnitten; am besten geeignet sind Doppelrhizome. Die Blätter werden auf ein Drittel eingekürzt, ebenso die Wurzeln. Um Fäulnis zu verhindern, sollten die Schnittstellen mit Holzkohlepulver bestreut werden und abtrocknen. Nach 1 bis 2 Tagen können die Teilstücke wieder aufgepflanzt werden.

Ideal ist ein nicht zu schwerer, sandig-lehmiger Boden in vollsonniger Lage (alte Sorten vertragen auch Halbschatten). Er muss unbedingt durchlässig sein, denn Staunässe führt zum Faulen der Rhizome. Ideal ist eine leichte Hanglage für einen optimalen Wasserabfluss. Die Rhizome werden nach Süden hin ausgerichtet und nur so tief gepflanzt, dass das obere Drittel des Rhizoms frei liegt. In der Nachbarschaft dürfen keine wuchernden Pflanzen stehen, und die Iris sollten nicht beschattet werden.

Entgegen der immer wieder zu lesenden Empfehlung, Bartiris seien Hungerkünstler, müssen die modernen Züchtungen regelmäßig gedüngt werden. Im Frühjahr empfiehlt sich ein eher stickstoffbetonter Dünger und nach der Blüte zum Spätsommer hin noch einmal die Gabe eines Phosphor-Kali-Düngers, der dem Ausreifen der Rhizome dient. Auf mageren Böden bilden sich sonst nur wenige und kleine Blüten aus. Vor Überdüngung sei allerdings gewarnt: Das Resultat sind überdimensionale Blüten auf viel zu langen Stielen, die bei Regen und Wind unweigerlich umkippen.

Eine andere Gruppe von Iris, die bartlosen *Iris sibirica* und ihre Züchtungen, sind zurzeit noch ein wenig unterrepräsentiert in unseren Gärten. Dabei sind sie mit ihren Ansprüchen an Boden und Licht viel genügsamer als ihre prunkvollen Verwandten. In Schattierungen von dunkelstem Violett über hellstes Blau und von Cremegelb bis Weiß blühen sie wochenlang und sehen mit ihrem schmalen Irislaub auch lange vor und nach der Blüte gut aus.

linke Seite: *Iris Barbata*-Hybride 'Conjuration'.
rechts oben: Auch in einer bunten »Iriswiese« kommen die Einzelblüten gut zur Geltung.
rechts unten: Das Gegenlicht enthüllt Details der Irisblüte.

9 Exotische Zwiebelgewächse für den Sommer

Ich habe aus dem Gartencenter eine Zwiebel mitgenommen, deren Namen ich vergessen habe. Sie blüht jetzt im Sommer an einem langen Stiel mit vielen cremefarbenen, rot gerandeten Blütchen und sieht irgendwie tropisch aus.

Vermutlich handelt es sich um eine Schopflilie *(Eucomis bicolor)*, deren Zwiebeln immer häufiger im Handel angeboten werden. Diese üppig wachsende Pflanze besitzt schwertförmige Blätter und schiebt im Sommer eine bis zu 70 Zentimeter hohe Blütenähre, die aus grünlich-cremefarbenen Sternblüten gebildet wird. Neue, spektakuläre Sorten zieren mit rötlichem Laub und rosaroten Blüten (*E.* 'Sparkling Burgundy'). Ein echter Hingucker und zudem lange haltbar. Die Überwinterung erfolgt wie bei Dahlien im kühlen Keller. Alternativ kann man sie im Topf kultivieren. Dazu genügt gute, mit Langzeitdünger versehene Blumenerde. Ab Mitte September wird nicht mehr gegossen, und im Oktober kommen die Töpfe in einen kühlen Raum, wo sie komplett austrocknen sollen. Umgetopft wird im Frühjahr, danach erst wird wieder vorsichtig gegossen.

Doch im Hochsommer blühen noch weitere, vielfach wenig bekannte Zwiebel- und Knollengewächse, deren Pflege vergleichsweise einfach ist. Sie schmücken sich oft mit exotisch anmutenden Blütenständen, die als Dreingabe manchmal wunderbar duften. *Crinum x powellii*, die Hakenlilie, blüht im Spätsommer mit rosa oder weißen, lilienähnlichen Trichterblüten an 1 Meter hohen Stielen, die einen süßen Duft verströmen. Ihre mächtigen Zwiebeln werden nur so tief gepflanzt, dass der Zwiebelhals noch aus dem Boden ragt. Zur Blütezeit benötigt die Pflanze viel Wasser und Dünger. An geschützten Plätzen ist diese südafrikanische Schönheit winterhart, allerdings nur, wenn sie dick mit Laub eingepackt und vor frühen Frösten im Herbst geschützt wird.

Wertvoll für die Hochsommerrabatte sind die Montbretien (*Crocosmia*-Hybriden). Das an Gladiolen erinnernde hellgrüne Laub wird von den dicht verzweigten Ähren, besetzt mit trichterförmigen Blüten, überragt. Die leuchtend rot blühende Sorte 'Lucifer' ist zugleich neben der Art *C. masoniorum* auch die winterhärteste. Beide können mit Schutz im Boden verbleiben, alle anderen Sorten, die in allen Gelb-Orange-Rot-Schattierungen blühen, werden wie Dahlien behandelt. Montbretien kommen übrigens auch in schneckengeplagten Gärten zur Blüte, denn die Weichtiere zeigen keinerlei Interesse an den Pflanzen.

In den unterschiedlichsten Farbkombinationen, oft mit dunklen Strichmustern, kommen die Alstromerien – auch Inkalilien genannt – daher. Man kennt sie als dauerhafte Schnittblumen für die Vase. Und genauso halten sie es im Garten. Ein sandig-humoser, nährstoffreicher Boden in der Rabatte oder auch im Kübel ist optimal für die zerbrechlichen Rhizome. Bei guter Versorgung blühen sie im Hochsommer und dann noch einmal im Herbst. Die schönsten Sorten finden sich unter den *Alstromeria*-Hybriden.

Bei dieser Aufzählung darf die Sterngladiole *(Gladiolus murielae,* syn. *Acidanthera bicolor)* nicht fehlen. Das schmale, zierende Gladiolenlaub bleibt bis zum Herbst schön, und im Hochsommer öffnen sich die herrlichen weißen, mit einem blutroten Auge gezeichneten Einzelblüten, die einen wunderbaren Duft verströmen. Zum guten Gelingen benötigt die Sterngladiole in der Wachstumsphase reichlich Nährstoffe. Die nicht winterharten Knollen werden vor dem ersten Frost aus dem Boden geholt, angetrocknet und, anders als Dahlien, bei 15 °C aufbewahrt, sonst reifen die Zwiebeln nicht aus.

rechts: Montbretien sind sehr dankbare Sommerblüher, die sich an geschützten Standorten gut vermehren und, je nach Sorte, bis in den Oktober blühen.

10 So liefern Erdbeeren reiche Ernte

→ *Ist es sinnvoll, Ausläufer von Erdbeeren zur Vermehrung zu verwenden?*

Man kann durchaus die Ausläufer eines bestehenden Erdbeerbeetes dazu verwenden, ein neues Beet anzulegen. Dazu sticht man bereits bewurzelte Pflänzchen etwa Anfang August ab und verpflanzt sie mit möglichst viel anhaftender Erde an die neue Stelle. So beugt man der Bodenmüdigkeit vor, die auf dem alten Beet rasch einsetzt. Bleibt die Pflanze nämlich länger als 2 Jahre stehen, lässt der Ertrag wegen verschiedener im Boden lauernder und immer stärker werdender Erkrankungen rasch nach. Auf dem alten Beet sollte man in den nächsten 3 Jahren keine weiteren Erdbeeren mehr anbauen. Allerdings gibt es von Blattläusen übertragene sogenannte Viruserkrankungen, die auch bei Jungpflanzen zunehmend den Ertrag schmälern. Darum sollte höchstens zweimal vermehrt werden. Danach empfiehlt sich der Kauf virusfreier Jungpflanzen im Fachhandel. Soll das alte Beet stehen bleiben, schneidet man das Laub Anfang August wenige Zentimeter über dem Boden ab und vernichtet es. Das bietet einen gewissen Schutz vor Krankheiten und Schädlingen.

Erdbeeren gedeihen am besten auf humosen, lehmigen, gut durchlüfteten Böden in voller Sonne. Bewährt haben sich niedrige Dämme im Abstand von mindestens 60 Zentimeter, die mit schwarzer Folie abgedeckt werden. In diese Folie sticht man im Abstand von 30 Zentimeter Löcher, streut einige Hornspäne ins Pflanzloch und setzt dort die Jungpflanzen hinein. Mit der Folie erreicht man eine rasche Erwärmung des Bodens, sie unterdrückt Unkraut und verringert die Wasserverdunstung des Bodens. Schon im nächsten Jahr kann man mit einer vollen Ernte rechnen.

Für den Hausgarten sind die Sorten 'Senga Sengana', 'Polka' und 'Honeoye' gut geeignet. Ganz neu ist die recht widerstandsfähige Sorte 'Fraroma'. Sie hat sich bei den Profis nicht durchsetzen können, weil ihr Ertrag etwa 20 Prozent geringer ist als bei der Hauptsorte 'Elsanta' (diese gilt wiederum als zu anfällig für den Hausgarten). Wer laufend Erdbeeren ernten möchte, ist mit sogenannten Monatserdbeeren gut bedient. Zu diesen gehört 'Elan' mit einem hervorragenden Geschmack und sehr großen Früchten. Sie trägt vom Frühsommer bis zum Frost und ist als Jungpflanze sowie als Saatgut erhältlich.

Schon ein kleines Erdbeerbeet liefert über den Sommer eine Fülle leckerer Früchte. Man kann aber auch eine große Erdbeerwiese anlegen. 'Florika' wird im August gepflanzt und bildet zahlreiche lange Ausläufer. Der Boden ist in kurzer Zeit bedeckt und wird zu einer echten Erdbeerwiese, vorausgesetzt, er ist frei von Unkräutern. Die Blüten und die großen Früchte stehen über dem Laub und sind daher kaum fäulnisanfällig.

linke Seite: Hängeerdbeeren lassen sich auf dem kleinsten Balkon kultivieren.
rechte Seite: Nicht besonders schön, aber optimal für den Schutz der Erdbeeren – die schwarze Mulchfolie.

: GEWUSST WAS

Grauschimmel bekämpfen

In feuchten Jahren kann Grauschimmel *(Botrytis cinerea)* die Erdbeerernte ruinieren. Einige Kulturmaßnahmen verringern das Risiko des Befalls beträchtlich:

+ Rechtzeitig befallene Pflanzenteile und Fruchtmumien entfernen und vernichten
+ Laubschnitt nach der Ernte
+ Sonniger Standort
+ Wässern nur am frühen Morgen und nicht auf Pflanzenteile
+ Weite Reihenabstände
+ Stickstoffgaben nur nach der Ernte, nicht im Frühjahr
+ Zur Blütezeit Stroh unterlegen
+ Kaliumreiche Düngung

11 Der richtige Schnitt bei Beerenobst

In unserem Garten stehen mehrere Beerensträucher. Wann und wie müssen diese beschnitten werden?

Die meisten Beerensträucher werden unmittelbar nach der Ernte zurückgeschnitten. Beim häufigsten Beerenobst, der roten Johannisbeere, ist das Ende Juli, Anfang August der Fall. Sollten Sie Exemplare haben, die zum Auseinanderfallen neigen, d. h., bei denen sich die Äste unter der Last der Früchte weit auseinandergebogen haben, werden diese um etwa ein Drittel gestutzt. Sehr alte Triebe, deutlich erkennbar an der dunkleren Rinde, werden als Ganzes bodennah herausgeschnitten. Überhaupt geht es beim Schnitt dieser Sträucher darum, altes Holz, das nur noch wenig trägt, durch junges zu ersetzen. Bei roten und weißen Johannisbeersträuchern sollten keine Triebe älter als 5 Jahre sein, bei schwarzen Johannisbeeren nicht älter als 3 Jahre. Für die schwarze Johannisbeere gilt in noch stärkerem Maße: Der zukünftige Ertrag wird nur am hellen Holz produziert. Das Schnittgut kann übrigens zum Anziehen neuer Sträucher verwendet werden.

Während man bei Johannisbeeren versucht, durch Rückschnitt und Auslichten die Bildung neuer Bodentriebe anzuregen, geschieht dies bei Stachelbeeren ganz von selbst. Bei diesem Beerenobst lässt vielmehr das Wachstum in die Höhe zu wünschen übrig. Dem versucht

man entgegenzuwirken, indem überzählige Bodentriebe während der Winterruhe komplett entfernt werden. Es genügen 8 bis 10 Triebe je Strauch, die etwa 6 Jahre erhalten bleiben. Erst dann werden sie allmählich durch jüngere ersetzt.

Die sogenannten Tragruten (Früchte tragende Ruten) von Brombeersträuchern werden unmittelbar nach der Ernte bodennah abgeschnitten. Man lässt die abgeschnittenen Ruten aber noch bis zum nächsten Frühjahr in den Sträuchern stehen, weil sie so die jungen diesjährigen Ruten vor Frost schützen können. Das Wachstum der neuen Ruten wird bis zu einer Länge von etwa 2 Meter zugelassen. Alles, was darüber hinauswächst, wird gekappt. Die zahlreichen Seitentriebe werden immer wieder auf 2 Augen zurückgeschnitten. Im zeitigen Frühjahr holt man dann die alten, bereits abgeschnittenen Ruten heraus und lässt nur die 5 kräftigsten Jungruten stehen.

Bei sommertragenden Himbeeren werden alle alten Ruten nach der Ernte entfernt, Herbsthimbeersträucher schneidet man im Winter komplett zurück.

linke Seite: Abgetragene Ruten werden bodennah abgeschnitten.
rechts: Moderne Brombeersorten sind meist stachellos und, anders als die älteren Vertreter, sehr aromatisch, wie hier die neue Sorte ‘Loch Ness’.

12 Kiwis nur als Pärchen kaufen

Seit 10 Jahren haben wir eine Kiwipflanze im Garten, die vor 4 Jahren zum ersten Mal blühte. Das wiederholt sie seitdem jedes Jahr, aber die Blüten fallen immer wieder ab, ohne dass Früchte entstehen.

Diesen Umstand beklagen viele Halter des Strahlengriffels *(Actinidia deliciosa,* syn. *A. chinensis).* Die Pflanzen blühen im Frühjahr üppig und setzen dennoch keine Früchte an. Der Grund liegt (meist) in der Blütenbiologie der Kiwi. Die bei uns kultivierten Vertreter der Gattung *Actinidia* sind zweihäusig – es gibt männliche und weibliche Pflanzen. Die Blüten der männlichen Kiwi besitzen Staubgefäße und ein paar verkümmerte Narben. Sie liefern den Pollen, der von Bienen und Hummeln auf die Narben der weiblichen Blüten übertragen wird. Auch diese besitzen Staubgefäße, allerdings ist der Pollen unfruchtbar.

Beim Kiwikauf müssen also unbedingt zwei Pflanzen unterschiedlichen Geschlechts erworben werden, die man nicht weiter als 20 Meter voneinander entfernt einpflanzen sollte. Dann ist die Befruchtung durch Insekten gewährleistet. Stellt sich bei der Blütenbestimmung heraus, dass nur Pflanzen eines Geschlechts gepflanzt wurden, sollte man in einer guten Baumschule eine andersgeschlechtliche Pflanze erwerben und nachpflanzen. Nach 2 bis 3 Jahren Wartezeit können dann die ersten Früchte geerntet werden. Seit einigen Jahren bietet der Handel vermehrt selbstfruchtende einhäusige Kiwisorten an, aber viele Zuschaueranfragen lassen Zweifel an der versprochenen Selbstfruchtbarkeit begründet erscheinen. Einen nicht zu unterschätzenden Einfluss auf den Fruchtansatz hat übrigens die Insektenpopulation zur Blütezeit. In kalten, regnerischen Jahren, wenn wenig Hummeln und Bienen unterwegs sind, sollte der Gärtner mit einem Pinsel bei der Befruchtung nachhelfen.

Die gängigen Kiwisorten sind nur in wintermilden Weinbaugebieten wirklich winterhart.

Wer Kiwis in kälteren Regionen ziehen möchte, sollte es mit dem Scharfzähnigen Strahlengriffel *(A. arguta)* versuchen. Die Früchte dieser Art sind zwar nur walnussgroß, erscheinen aber in großen Mengen und besitzen den typischen säuerlichen Kiwigeschmack. Die glatte Schale kann mitgegessen werden, und die Früchte reifen, im Gegensatz zur bekannten Kiwi, auch in rauen Lagen spätestens im Oktober aus. Bemerkenswert ist die Winterhärte von *A. arguta*: Bis minus 30 °C halten die ebenfalls überwiegend zweihäusigen Pflanzen aus. Auch die sonst bei der Kiwikultur gefürchteten Spätfröste können ihnen wenig anhaben. Die Pflege ist weniger aufwändig als bei *A. deliciosa*, denn es ist lediglich nach 3 bis 5 Jahren ein regelmäßiger Auslichtungsschnitt nötig. Der Erziehungsschnitt zur Fruchtbildung entfällt. Durch die geringere Wuchshöhe von 2 bis 3 Meter eignet sich *A. arguta* sehr gut zur Berankung von Pergolen und Zäunen, auch leicht schattierte Lagen werden noch toleriert. Folgende Sorten sind empfehlenswert: 'Maki', 'Issai' (selbstfruchtend), 'Weiki', 'Ambrosia', 'Nostino' (Befruchtersorte).

oben: Fast wie auf dem Wochenmarkt – Kiwis kurz vor der Reife.
unten: Die kleinfrüchtige Kiwi *Actinidia arguta* in Blüte.

13 Mediterrane Kräuter vermehren

Wir möchten an einer sonnigen Stelle unseres Gartens einen mediterranen Kräutergarten mit Rosmarin, Salbei, Lavendel und anderen Kräutern anlegen. Können wir die Pflanzen dazu selbst vermehren?

Mit ein bisschen Geschick lassen sich auch die mediterranen Halbsträucher Rosmarin *(Rosmarinus officinalis)*, Salbei *(Salvia officinalis)* und Lavendel *(Lavendula angustifolia)* sowohl durch Aussaat als auch über Stecklinge vermehren. Die Aussaat liefert schnell eine große Menge Pflanzen. Allerdings besitzen die Nachkommen nicht die gleichen Eigenschaften wie die Mutterpflanze, vor allem dann nicht, wenn es sich um Absaat von selektierten Sorten handelt. Möchte man lauter identische Pflanzen (sogenannte Klone) haben, kommt nur die Stecklingsvermehrung in Frage.

Die Kräuteraussaat im Frühjahr (Ende März bis Mitte April) ist denkbar einfach. Das Substrat sollte sehr locker, durchlässig und etwas kalkhaltig sein. Eine Mischung aus Aussaaterde und grobem Sand, Perlit oder Bims und einer kleinen Menge mildem Kalk (z. B. Algenkalk) ist optimal. Der feine Samen wird auf die Oberfläche gestreut und nur dünn mit etwas Sand (Körnung 2 bis 4 Millimeter) abgedeckt. Anschließend mit dem Zerstäuber gut anfeuchten und die Töpfe hell, aber absonnig aufstellen. Ideal ist ein Zimmergewächshaus mit Abdeckung. Nicht zu früh säen, sonst fehlt den Keimlingen, die sich nach 3 bis 4 Wochen zeigen sollten, ausreichend Licht, und sie wachsen stark in die Länge, bilden dabei aber nur weiches Gewebe aus. Sollte nach 4 Wochen noch keine Keimung erfolgen, stellt man die Aussaat in den Kühlschrank. Lavendel und Co. sind zwar keine ausgewiesenen Kaltkeimer, benötigen aber manchmal eine Kühlphase von 2 bis 3 Wochen, um die Keimruhe aufzuheben. Im Mai, nach den letzten Frösten, werden die Saatschalen nach draußen gestellt. Dabei langsam an die Sonne gewöhnen. Sind die Pflänzchen groß genug – 2 bis 3 Zentimeter hoch –, kann pikiert werden. Gut geeignet sind Multitopfplatten mit kleinen Löchern. Das Substrat sollte wenig Humus enthalten, gut geeignet ist eine Mischung aus reifem Gartenlehm mit viel grobem Sand, Kalk und etwas reifem Kompost. Im August können die Pflanzen ausgepflanzt werden.

Stecklinge von Halbsträuchern wurzeln am besten, wenn sie vor der Blüte (Mai/Juni) oder nach der Blüte (August) gesteckt werden. Blütenansätze oder Samenstände müssen entfernt werden, da sie die Wurzelbildung behindern. Die 5 bis 10 Zentimeter langen Stecklinge dürfen

nicht richtig verholzt sein, der Schnitt sollte am Übergang von weichem in festeres Gewebe liegen. Aber auch Risslinge – kurze Seitentriebe, die mit einem Ruck vom Haupttrieb abgerissen werden und noch ein Stückchen Holz an der Basis besitzen – sind gut geeignet. Die unteren Blätter werden wegen der Fäulnisgefahr entfernt. Gesteckt wird rund 1 Zentimeter tief in ein lockeres, mit viel Sand oder Perlit abgemagertes Aussaatsubstrat. Wenn in Töpfe gesteckt wird, hat es sich bewährt, die Stecklinge an den Rand zu setzen. Die Töpfe vorsichtig angießen und mit einem Folienbeutel oder im Zimmergewächshaus für »gespannte«, das heißt wassergesättigte, Luft sorgen. Ideal ist ein halbschattiger, warmer Platz. Doch Vorsicht, zu hohe Luftfeuchtigkeit lässt die Stecklinge leicht faulen, deshalb jeden Tag für kurze Zeit lüften. Nach 4 bis 6 Wochen sollte die Wurzelbildung beginnen, meist erkennbar am einsetzenden Stecklingswachstum. Wenn auf leichten Zug ein Widerstand zu verspüren ist, war die Bewurzelung erfolgreich, und die Pflanzen können in Einzeltöpfe verpflanzt werden. In kalten Gebieten ist es ratsam, die Stecklinge noch einen Winter frostfrei zu überwintern, denn die Gefahr der Auswinterung ist bei frisch gesetzten mediterranen Halbsträuchern, die noch kein tief gehendes Wurzelwerk ausbilden konnten, ausgesprochen groß. Solche Jungpflanzen vertrocknen ganz einfach schon bei kürzeren Frostperioden.

Übrigens: Viele als winterhart angepriesene Rosmarinsorten überstehen strenge Winter in Deutschland nicht. Man sollte daher Rosmarin nur in wenigen Exemplaren in einen Kräutergarten einplanen.

oben: Im Kräutergarten wachsen heimische und mediterrane Kräuter Seite an Seite. Der Thymian im Kübel bringt Farbe ins üppige Grün.

14 Tomaten lieben ein Dach über dem Kopf

In diesem Jahr sind meine Tomaten sehr stark mit der Kraut- und Braunfäule befallen. Kann der Boden vorbeugend für das kommende Jahr mit Präparaten oder Schutzmitteln behandelt werden?

Leider tritt die Krautfäule *(Phytophtora infestans)* in den letzten Jahren in Deutschland nahezu flächendeckend überall an den Tomaten *(Lycopersicon esculentum)* auf. Kennzeichnend sind braune Flecken auf Blättern und Trieben. Bei starkem Befall bilden sich braune, eingesunkene, leicht runzelige Stellen auf den Früchten.

Feuchtwarmes Wetter bietet ideale Bedingungen für diese Pilzerkrankung. Entgegen früherer Meinungen überwintert der Pilz in Form von Überdauerungsorganen im Boden, eine Entseuchung des Bodens ist im Hausgarten jedoch nicht durchführbar. Den besten Schutz gegen das Auftreten der Kraut- und Braunfäule bietet eine Kultur, bei der die Pflanzen nur von unten gewässert werden. Denn die Sporen, die durch Wind oder hochspritzendes Erdreich auf die Blätter gelangen, benötigen Feuchtigkeit, um auszukeimen. Optimal ist daher ein Gewächshaus oder auch ein sonniger Platz unter einem weiten Dachvorstand. Nach Süden ausgerichtet, schützt dieser die Pflanzen vor zu viel Nässe.

Wenn man den Pflanzen beides nicht anbieten kann, erhält man im Fachhandel spezielle Plastikhauben für je 2 bis 3 Tomatenpflanzen, die zur Ostseite hin offen sind. Unter dem Schutz dieser Hauben gedeihen die Pflanzen in regenreichen Jahren wesentlich besser als im Freiland. Cocktailtomaten lassen sich sogar ohne viel Aufwand leicht in Kübeln halten.

Ein frischer, gut humusversorgter, durchlässiger Boden mit neutraler bis leicht saurer Bodenreaktion (pH-Wert 6–7) in vollsonniger Lage und eine kaliumbetonte Düngung fördern die Widerstandsfähigkeit der Pflanzen. Bei Freilandanbau sollten die unteren Blätter entfernt werden, damit hochspritzendes Wasser nicht auf die Blätter gelangt. Eine Mulchschicht hält den Boden länger feucht, in Trockenperioden sollte gelegentlich, dann aber durchdringend, gewässert werden.

Tomaten benötigen jedes Jahr einen anderen Platz. Entgegen weitverbreiteter Meinung sind sie nicht selbstverträglich. Auch sollten sie nicht vor und nach den Kartoffeln angebaut werden. Gerade durch den zeitigen Anbau von Frühkartoffeln – diese werden ebenfalls von der Krautfäule befallen – werden die Tomaten schon sehr früh Opfer der Krautfäule. Bei Infektion durch eine Verbreitung über die Frühkartoffel werden häufig zunächst die Früchte befallen.

Die Pflegemaßnahmen über den Sommer sind denkbar einfach. Cocktail- und Wildtomaten lässt man einfach wachsen, großfrüchtige Sorten sollten besser ausgegeizt werden. Dazu werden alle Triebe, die den Blattachseln entspringen, ausgebrochen. Nach dem 6. bis 7. Blütenansatz darf der Haupttrieb gekappt werden, da spät gebildete Früchte meist nicht mehr reif werden und so die ganze Kraft der Pflanze in die anderen Früchte fließt.

linke Seite: Tomatenfeste sind immer eine Reise wert: Wann sonst kann man so viele Sorten probieren?
rechte Seite: Die Krautfäule an Tomaten befällt Blätter und Früchte gleichermaßen.

: GEWUSST WELCHE

Tomaten in allen Farben

Es gibt mehr als 1000 Tomatensorten. Manche erreichen nur die Größe von Johannisbeeren, andere entwickeln sich zu kilogrammschweren Exemplaren. Rot sind auch nicht mehr alle Tomaten. Es gibt gelbe, orange, violette und sogar gestreifte Exemplare, und alle unterscheiden sich in Geschmack und Konsistenz. Wer die Abwechslung liebt: Es lohnt sich, nach neuen, besonders aromatischen und attraktiven Tomatensorten Ausschau zu halten.

15 Der »Flaschenbürstenbaum«

Mein Zylinderputzer blüht jedes Jahr wunderschön. Er wird aber von innen her immer kahler. Kann ich ihn irgendwie beschneiden, und wann macht man das?

Der Zylinderputzer *(Callistemon)* ist eine der schönsten und dankbarsten Kübelpflanzen aus Australien. Er gehört wie Eukalyptus zur Familie der Myrtengewächse *(Myrtaceae)*, die durchweg ätherische und meist sehr wohlriechende Öle enthalten. Während sich der Familienname vom Griechischen »myron« für Balsam, Öl, wohlriechender Saft herleitet, spielt der Name »Zylinderputzer« auf die bürstenartigen Blüten an, deren Schauapparat nur aus roten Staubgefäßen besteht. Sie erinnern an die Zeit der Gaslaternen, als die schmutzigen Glaszylinder mit einer Bürste, dem Zylinderputzer, von Ruß befreit wurden. Für die Australier ist es schlicht der »Bottlebrush tree« – der Flaschenbürstenbaum!

Als Kübelpflanze neigt der Zylinderputzer mit der Zeit dazu, von innen her zu verkahlen. Die kompakten Hochstämme, die man häufig im Gartenfachhandel bekommt, sind mit Wuchshemmstoffen behandelt und deshalb dicht und kugelig. Mit der Zeit werden die Wuchshemmer jedoch abgebaut oder mit dem Gießwasser ausgewaschen und verlieren ihre Wirkung. Deshalb ist es ganz normal, wenn *Callistemon* mit der Zeit, entsprechend seinem natürlichen Drang, lange Triebe ausbildet. Da er an den Triebenden blüht, muss man mit dem Schnitt bis nach der Blüte warten, um keine Blütenknospen abzuschneiden. Nach der endständigen Blüte wachsen die Triebe zu einem beblätterten Trieb weiter, eine Eigenart, die man selten im Pflanzenreich findet. Daher ergibt sich von Natur aus ein lockerer Habitus mit langen hängenden Zweigen, an denen sich Blätter, alte Früchte, Blüten und Knospen abwechseln. Wenn man die Pflanze nach der Blüte stutzt, kann man die Form am besten korrigieren, indem man ganze Äste herausschneidet. Junge Pflanzen können durch wiederholtes Stutzen etwas buschiger erzogen werden. Auch ein Rückschnitt bis in altes Holz wird vertragen, sollte aber nur durchgeführt werden, wenn die Pflanzen zu groß geworden sind und eine Verjüngung angebracht ist.

Die Überwinterung erfolgt, ähnlich wie bei Zitrusgewächsen und anderen mediterranen Kübelpflanzen, kühl und hell bei etwa 5 °C. *Callistemon* verträgt sogar ein paar Minusgrade, die Wurzeln dürfen jedoch keinem Frost ausgesetzt sein. Was die Erde angeht, so sind die Ansprüche ebenfalls mit denen der Zitrusfrüchte vergleichbar. Ein leicht saurer (pH-Wert 5–6) und gut drainierter Boden bekommt ihm sehr gut, wobei es wichtig ist, *Callistemon* immer feucht zu halten, ohne übermäßig zu gießen. Am Naturstandort bildet er ein großes Wurzelwerk aus, das ihm auch an extremen Trockenstandorten eine ausreichende Wasserversorgung sichert.

linke Seite: Die Blüten des Zylinderputzers (hier *Callistemon citrinus*) halten sehr lange.
rechte Seite: Der Weidenblättrige Zylinderputzer *(Callistemon salignus)*.

: GEWUSST WELCHE

Empfehlenswerte Zylinderputzer

Callistemon citrinus: der häufigste Zylinderputzer mit großen roten Blüten und Blättern, die nach Zitrone duften (daher »citrinus«)

Callistemon salignus: Der weidenblättrige Zylinderputzer hat einen besonders schönen zartrosa gefärbten Laubaustrieb und schmale weidenähnliche Blätter.

Callistemon speciosus: Blüten mit goldgelben Staubgefäßen auf langen karminroten Staubfäden. Das Laub ist ähnlich wie bei *C. citrinus*, die Blätter sind jedoch etwas breiter und länger.

16 Schöne Könige aus Südafrika

→ *In exklusiven Blumensträußen entdecke ich immer wieder sehr große wunderschöne Proteablüten aus Südafrika. Jetzt frage ich mich, ob man diese Pflanzen auch als Topfpflanzen bekommt, oder kann man vielleicht die Samen aus den Gestecken aussäen?*

Proteen sind eine Pflanzenfamilie, die in Australien und Südafrika verbreitet und ursprünglich auf dem urzeitlichen Südkontinent Gondwana beheimatet ist. Zu den Proteen gehören absolut fantastische Gehölze mit interessantem Laub und sehr eigenwilligen Blüten. Die Königsprotea *(Protea cynaroides)* ist sicherlich eine der auffälligsten und schönsten. Kein Wunder, dass sie es nicht nur zum imposanten Augenschmaus in exklusiven Blumenarrangements gebracht hat, sondern auch zur Wappenblume Südafrikas. Ausgepflanzt ist sie dagegen in Deutschland nirgendwo anzutreffen, und als Kübelpflanzen gibt es sie nur bei einigen Sammlern und in botanischen Gärten. Für die Floristikbranche werden große Mengen an Proteenblüten aus Südafrika importiert. Sicherlich ist es hierzulande einfacher, an Saatgut zu kommen als an mehrjährig kultivierte Kübelpflanzen. Leider werden Blüten aus Blumengestecken keine fruchtbaren Samen enthalten, da sie bereits in einem sehr frühen Entwicklungszustand geerntet werden und sich dann meist noch nicht einmal die Staubgefäße geöffnet haben. Das Internet bietet einige Adressen von Anbietern exotischer Sämereien (z. B. Silverhillseeds in Südafrika), die ihre Ware mit ausführlichen Kulturanleitungen weltweit preisgünstig verschicken.

Die Aussaatbedingungen von Proteen sind ungewöhnlich im Vergleich zu anderen Gehölzen. Am Beispiel der Königsprotea lassen sich die wichtigsten Vorraussetzungen gut beschreiben. Sie gilt laut Andrew Lawson, dem Chefgärtner des berühmten Tresco Abbey Garden in Südengland, als eine der am leichtesten kultivierbaren Proteen. Die Samen brauchen zunächst eine »Rauchbehandlung«, da die Pflanzen im südafrikanischen Busch an das regelmäßige Auftreten von Buschfeuern gefolgt von einer Regenzeit gewöhnt sind. Samen, die gewissen Rußstoffen ausgesetzt waren, keimen mit viel höherer Wahrscheinlichkeit als unbehandelte Samen. Da man schlecht zu Hause ein Buschfeuer entfachen kann, bedient man sich eines Tricks: Hierzu werden sogenannte Rauchfilter, die einem kleinen Kaffeefilter ähneln, mit Wasser getränkt und die Samen auf dem feuchten Filter 24 Stunden inkubiert. So wird für die Samen ein Buschfeuer mit anschließender Regenphase simuliert. Derartige Rauchfilter werden von den Saatgutbetrieben mitgeliefert. Sollten diese nicht angeboten werden, muss man unbedingt danach fragen. Ansonsten sind die Keimerfolge um ein Vielfaches geringer.

Nach diesem Trick werden die Samen in mageres Substrat gesetzt, etwa in ein Sand-Torf-Gemisch mit einem pH-Wert von 4,5 oder in lebendes Spagnum-Moos, das von Natur aus antimikrobielle Eigenschaften hat. Wichtig ist jetzt noch eine Temperaturdifferenz zwischen Tag und Nacht, um einen Keimerfolg zu haben. Hierzu spannt man tagsüber eine durchlöcherte Folie (Frischhaltefolie) über den Topf und entfernt diese abends wieder. Die Tagestemperatur sollte 22 bis 25 °C betragen und die Nachttemperatur etwa 10 °C. Die Keimung erfolgt nach etwa 3 Wochen. Sicherlich hat kaum eine Pflanzengruppe so viele Sonderansprüche, aber wer es schafft, sie zu kultivieren, spielt in der Königsdisziplin der Kübelgärtner.

linke Seite: Die Königsprotee, bekannt von ausgefallenen Blumensträußen, kann man mit Geschick auch selbst aus Samen ziehen.
rechte Seite: Die Nadelkissenprotee *(Leucospermum spec.)* ist mittlerweile als Kübelpflanze recht häufig erhältlich.

17 Nicht nur für Koalabären – Eukalyptus auf der Terrasse

Ich habe aus Portugal ein paar Ästchen von Eukalyptusbäumen mitgebracht. Kann ich diese zum Wurzeln bringen, und kann man Eukalyptus hier auspflanzen?

Das faszinierende an Eukalyptus ist sein aromatischer Duft, die oftmals sehr attraktive Rinde und seine hübschen Blüten, deren Schauapparat wie bei vielen australischen Pflanzen ausschließlich aus Staubgefäßen besteht. Jungpflanzen besitzen zudem oft völlig anders geformte Blätter als ältere Exemplare. All das macht Eukalyptus zu sehr spannenden Gehölzen, nicht nur für Koalabären, die sich ja bekanntlich vom Eukalyptuslaub ernähren. Wenn man aus dem Urlaub in Südeuropa Eukalyptuszweige mitbringt, wird es sich vermutlich um kälteempfindliche Arten handeln, denn die meisten der über 600 Eukalyptusarten sind nicht frosthart. Und gerade schnell wachsende, wärmeliebende Arten wurden in Portugal und anderen südeuropäischen Ländern bevorzugt angepflanzt. In diesem Fall muss man also auf Kübelhaltung setzen und sein Bäumchen hell und kühl, aber frostfrei überwintern.

Eine Vermehrung über Stecklinge ist bei Eukalyptus nicht üblich, da die meisten Arten sehr gut aus Samen gezogen werden können. Wenn man es dennoch versuchen möchte, schneidet man mit einem scharfen Messer einen 10 bis 15 Zentimeter langen Steckling und steckt ihn etwa 5 Zentimeter tief in handelsübliche, feuchte Vermehrungserde oder in eine Mischung aus Torf und Sand. Man kann auch versuchen, einen Teil der Stecklinge kurz mit einem Bewurzelungsmittel aus dem Fachhandel zu behandeln, das erhöht die Erfolgsrate. Für die Zeit der Wurzelbildung sind kleine Zimmergewächshäuser mit geschlossenen Lüftungsschlitzen sehr hilfreich. Ansonsten kann man aber auch mit einem übergestülpten Gefrierbeutel gespannte Luft erzeugen.

Einfacher ist die Anzucht aus Samen. Die becherförmigen Früchte enthalten zahlreiche fast staubkorngroße Samen, die bei vielen Arten nach 2 bis 4 Wochen keimen. Es ist von Vorteil, vor der Aussaat eine sogenannte Stratifizierung durchzuführen. Hierbei handelt es sich um eine leichte Kältebehandlung, bei der die Samen auf feuchtes Löschpapier ausgestreut und mehrere Wochen im Kühlschrank bei 4 °C aufbewahrt werden. Dieser Kältereiz simuliert eine Art kurzen Winter, in dessen Folge in der freien Natur normalerweise die Keimung stattfindet. Die Pflanzen haben dann sozusagen das »Gefühl«, dass der Frühling und somit die Zeit zum Keimen kommt. Diese Sonderbehandlung ist für Eukalyptusarten sinnvoll, die aus sehr südlichen oder hoch gelegenen Regionen Australiens stammen, wo es einen echten Winter gibt. Aus diesen Regionen stammen ebenfalls Arten wie *Eucalyptus parvifolia*, die bei uns in wintermilden Regionen sogar ausgepflanzt gedeihen und auch strengeren Wintern trotzen. Aber auch in Mittelgebirgslagen lohnt ein Versuch.

Man darf sich jedoch nicht täuschen lassen: Eukalyptus mag zwar die pralle Sonne, wie er es von Australien gewohnt ist, aber er wünscht auch verlässlich feuchte Böden. Ein gewisser Lehmanteil ist deshalb unbedingt von Vorteil.

linke Seite: Die Blüten von *Eucalyptus macrocarpa* gehören zu den bizarrsten im Pflanzenreich.
rechte Seite: *E. gunnii*, hier mit juvenilen und alten Blättern. Letztere haben die typische Sichelform ausgebildet.

18 Strauchrosen – So werden sie richtig geschnitten

Ich habe im Frühjahr einige Englische Rosen gepflanzt. Wann werden diese am besten zurückgeschnitten?

Englische Rosen gehören zu den mehr oder weniger kräftig wachsenden, öfter blühenden Strauchrosen. Die meisten Englischen Rosen sind Züchtungen des bekannten Rosenzüchters David Austin. Sie werden deshalb auch oft unter dem Namen Austin-Rosen gehandelt. Für diese Rosen gilt, regelmäßig alles Verblühte zu entfernen, da sie nach ihrer Hauptblüte im Juni deutlich mehr Blüten bilden, wenn sie keine Hagebutten ansetzen.

Aber gerade bei neu gepflanzten Strauchrosen kommt es auf den richtigen Rückschnitt an. Ziel ist es, eine möglichst starke Verzweigung bereits an der Basis der Rosen zu erreichen. Dazu werden alle abgeblühten Triebe während des Sommers laufend knapp oberhalb eines Auges um etwa die Hälfte zurückgeschnitten. Außerdem sollte man immer oberhalb einer Verzweigung schneiden. Auf diese Weise werden allmählich stark verzweigte Sträucher über mehrere Jahre hinweg bis auf die gewünschte Höhe von etwa 1,50 Meter aufgebaut. Viele Zweige bedeuten eine große Blütenfülle und schöne, bis zur Basis hin belaubte Sträucher. Ob die Augen, oberhalb derer geschnitten wird, nach außen oder innen zeigen, ist übrigens unerheblich. Nach innen wachsende Zweige geben einander Halt, und der Strauch fällt nicht so leicht auseinander, wenn starker Wind und Regen herrschen. Gerade Austin-Rosen sind dafür bekannt, dass Blütenstände nach Regenfällen schon mal den Boden berühren können. Lange, über den Strauch hinausschießende Zweige werden auf Höhe des Busches gestutzt, eine Methode, die auch für einmal blühende Strauchrosen gilt.

Rosenzüchter John Scarman, auf den diese Empfehlungen zurückgehen, rät, auch ältere Strauchrosen und sogar Kletterrosen so zu behandeln. Das heißt, neue abgeblühte Triebe werden laufend um die Hälfte bis ein Drittel eingekürzt. Dadurch verlagern sich die wichtigsten Schnittarbeiten auf den Sommer. Eine zusätzliche Düngegabe Ende Juni fördert die Blütenbildung hierbei enorm. Nur wer Wert auf Hagebuttenschmuck im Herbst legt, schneidet ab August Abgeblühtes nicht mehr heraus. Nach Scarman wird der späte Winterschnitt, der früher maßgeblich durchgeführt wurde, nun eher zum reinen Formschnitt bis auf eine Höhe von 1 bis 1,20 Meter.

Bei den einmal blühenden Strauchrosen genügt sogar das gelegentliche Auslichten alter, stark verholzter Triebe im Frühjahr. Sie werden einfach nach 3 bis 5 Jahren bodennah abgeschnitten und machen Platz für Jungtriebe.

Der traditionelle Rosenschnitt ist dagegen eher bei Beetrosen und Tee-Hybriden (auch Edelrosen genannt) angebracht. Hier schneidet man im Frühjahr bis auf ein Drittel der Wuchshöhe zurück, lässt also nur 20 bis 30 Zentimeter stehen. Im Sommer wird Verblühtes über dem ersten voll entwickelten Laubblatt entfernt.

linke Seite: Abgeblühte Rosenstiele werden um einige Augen zurückgeschnitten – so wird die Neubildung von Knospen bei öfter blühenden Rosen angeregt.
rechte Seite: In einem »weißen« Garten dürfen weiße Rosen nicht fehlen.

19 Rosen und ihre richtige Vermehrung

Rosen selbst veredeln:
1 T-Schnitt in die Unterlage **2** Schnitt des Edelreises **3** Ablösen des Holzteils unter dem Auge **4** Einsetzen des Auges in die Tasche **5** Überragende Teile abschneiden **6** Fixieren mit Bast **7** Erfolgreiche Veredelung – das Auge des Edelreises ist grün.

Ich bin ein begeisterter Rosenliebhaber und habe mich schon oft gefragt, ob ich aus den Hagebutten im Herbst neue Pflanzen ziehen kann. Wie vermehrt man Rosen eigentlich richtig?

Die Aussaat erfolgt im Herbst nach der Hagebuttenreife in Schalen oder direkt ins Beet. Rosensamen sind Kaltkeimer, die nach dem Quellen für mehrere Wochen Temperaturen um die 0 °C benötigen. Wenn die Aussaat dem natürlichen Witterungsverlauf ausgesetzt ist, wird die Keimung im nächsten Frühjahr erfolgen. Wildrosen und Zuchtrosen können aber auch durch Stecklinge vermehrt werden.

Die Vermehrung über junge Stecklingshölzer geschieht im Sommer von Mitte Juli bis September. Dazu werden etwa 20 Zentimeter lange, an der Basis nur leicht verholzte Triebe knapp unterhalb eines Auges (Blattansatz) geschnitten. Wenn die Rosentriebe aus den Augen neu austreiben, war die Bewurzelung offensichtlich erfolgreich, und es kann ausgepflanzt werden. Viele Kletterrosen wurzeln sehr gut. Aus diesem Grund ist die bekannte Sorte 'New Dawn' wahrscheinlich auch so weit- verbreitet. Aber auch mit kräftig wachsenden Strauchrosen lohnt sich ein Vermehrungsversuch.

Hochgezüchtete Hybridrosen werden dagegen nur durch Veredeln in der zweiten Sommerhälfte vermehrt. Dabei vereint man die Stärken zweier Rosensorten in einer Pflanze. Die sogenannte Unterlage liefert robuste und winterharte Wurzeln,

4

5

6

7

der edle obere Teil die gewünschten Blüh- und Wuchseigenschaften. Als Unterlage dient meist eine Wildrose. Am Stamm der Unterlage schneidet man in die Rinde ein großes »T«, und zwar drückt man das Messer bis aufs Holz und löst schließlich vorsichtig die Rinde. Am Edeltrieb entfernt man an einem gut entwickelten Auge den Blattstiel, setzt den Schnitt knapp unterhalb des Auges an und zieht das Messer nach oben durchs Holz hindurch. Anschließend das Holzteil vorsichtig von oben nach unten vom Rindenteil ablösen. An Letzterem sitzt das für die Veredelung entscheidende Auge. In die geöffnete Tasche der Unterlage wird die Rinde samt Auge hineingesteckt – was am T-Querschnitt herausragt, wird abgeschnitten. Dann von unten nach oben mit Bast einwickeln, damit Rinde und Auge am Holz der Unterlage festwachsen können.

Der gesamte Vorgang wird auch als »Okulieren« bezeichnet und klingt komplizierter, als es wirklich ist. Es gelingt dann besonders sicher, wenn die Innenseiten der Wunden nicht mit Fingern berührt werden und das Messer scharf und sauber ist. So können Gärtner übrigens auch Rosen, die ihnen nicht mehr gefallen, »umveredeln«, ohne neu pflanzen zu müssen.

Im zeitigen Frühjahr wird die Unterlage etwa 1/2 Zentimeter oberhalb des Edelauges abgeschnitten. So wird das Auge gezwungen, auszutreiben und eine neue Pflanze zu bilden. Alle Triebe, die sich darunter befinden oder aus dem Boden neu entstehen, entstammen der Unterlage und müssen regelmäßig entfernt werden. Werden sie nicht entfernt, wird die Edelsorte entweder nicht austreiben oder von der Unterlage überwachsen.

20 Die Rose und ihr Hofstaat

→ *Meine Rosen sehen zwar in Blüte immer sehr schön aus, aber davor und danach ist die Rabatte langweilig. Welche Pflanzen eignen sich gut für die Kombination mit Rosen?*

Strauch- und Beetrosen lassen sich mit einer Vielzahl von Stauden kombinieren, es muss nicht immer die beliebte Kombination von Lavendel und Rosen sein. Im Gegenteil, die Bodenansprüche von Lavendel und Rosen könnten verschiedener nicht sein, denn Lavendel mag einen prall sonnigen Standort mit magerem, trockenem Boden. Daher wählt man als Rosenbegleitstauden solche aus dem großen Sortiment aus, die mit den Rosen mithalten können. Sie sollten Sonne bis Halbschatten und einen nahrhaften, lehmig-humosen Boden mögen, keine allzu starke Wurzelkonkurrenz ausüben und eben einen eher begleitenden Charakter besitzen und nicht unbedingt die erste Geige spielen wollen.

Am Rand einer Rosenrabatte können z. B. polsterbildende Glockenblumen *(Campanula portenschlagiana, C. poscharskyana, C. carpatica)* in verschiedenen Blautönen, der chartreusefarbene Frauenmantel *(Alchemilla mollis)*, eine Vielzahl verschiedener Storchschnabelsorten in Rosa bis Violett, niedriges, rosafarbenes Schleierkraut (*Gypsophila* 'Rosenschleier'), Katzenminze (*Nepeta x faassenii, N.* 'Blauknirps'), Kissenastern (*Aster* Dumosus-Hybriden), Teppichphloxe (*Phlox* Subulata-Hybriden) oder auch an etwas trockneren Rändern die im Frühjahr weiß blühende immergrüne Schleifenblume *(Iberis sempervirens)* stehen. Alle diese mehr oder weniger niedrigen Stauden eignen sich gut als Einfassungspflanzen und bilden einen über viele Monate ansehnlichen Rahmen.

Zwischen die Rosen können höhere Stauden gepflanzt werden. Wichtig ist ein ausreichender Abstand zu den Rosenstöcken, sonst ist die Konkurrenz um Wasser und Nährstoffe zu groß, und bei zu dichtem Stand sind Pflegearbeiten kaum noch durchzuführen.

Sehr schön wirkt die Kombination von Strauchrosen mit neuen Züchtungen der Sterndolde (*Astrantia*-Hybriden) in cremeweißen bis dunkelroten Tönen, besonders wenn dazu noch Blattschmuckstauden wie *Heuchera*-Hybriden oder sonnenverträgliche Hosta gesetzt werden.

Höhere Phloxe (*Phlox-Paniculata*-Hybriden), Sonnenhut *(Echinacea purpurea)*, hohe Astern, der dunkelviolette, nach Rückschnitt gut remontierende Sommersalbei (*Salvia nemerosa* 'Ostfriesland'), Ehrenpreis *(Veronica longifolia)* und die meist einjährigen Verbenen *(Verbena bonariensis, V. hastata)* bringen rosa bis violette Farbtöne in die Rosenrabatte. Zur farblichen Auflockerung bietet sich die Prachtkerze *(Gaura lindheimeri)* an. Zwar ist sie auf schweren Böden kaum winterhart, doch lässt sie sich leicht aus Samen heranziehen und ihre über viele Wochen auf 80 Zentimeter hohen Stielen schwebenden weißen Schmetterlingsblüten passen sich wunderbar in jede Pflanzung ein.

Mutige Gärtner gesellen zu Rosen aber auch Solitärstauden, die zur gleichen Zeit blühen. Sie müssen mit Bedacht gewählt werden, sollen nicht die einen den anderen die Schau stehlen. Am bekanntesten ist die Kombination von Rosen mit hohen Ritterspornen (*Delphinium*-Hybriden). Aber auch unter den Pfingstrosen (*Paeonia* Lactiflora-Hybriden) finden sich etliche, die farblich mit Rosen wunderbar harmonieren.

linke Seite: Akeleien sind bezaubernde Begleitstauden, besonders für altmodische Rosensorten.
rechte Seite: Die Sterndolde *(Astrantia major)*.

21 Moschata-Hybriden – Gesunde Dauerblüher mit natürlichem Look

Können Sie uns gesunde und reich blühende Strauchrosen empfehlen? Wir möchten unseren Garten im ländlichen Stil gestalten.

Wirkliche Resistenzen gegenüber Pilzerkrankungen sind sehr selten, da haben die Rosenzüchter noch einiges zu tun. Eine ausgesprochen dankbare Rosengruppe sind jedoch die sogenannten Moschata-Hybriden, die man fast bedingungslos empfehlen kann. Sie sind in der Lage, Gärten einen ländlichen Charme zu verleihen, und zeichnen sich durch eher kleine bis mittelgroße, unaufdringliche, vielfach duftende Blüten aus, die meist in lockeren Büscheln an den Enden überhängender Triebe erscheinen. Moschata-Hybriden blühen bis weit in den Herbst hinein.

Die ersten Moschata-Hybriden wurden 1913 von einem britischen Geistlichen namens Joseph Pemberton eingeführt. Als Rentner missfielen ihm im reifen Alter von 61 Jahren die Rosentrends seiner Zeit. Er wünschte sich kleinblütigere und vor allem robuste Sorten, wie er sie aus seiner Kindheit kannte. Das Ergebnis seiner Züchtungen ist eine kleine Gruppe von Strauchrosen, die sein Gärtner Bentall nach seinem Tode noch erweiterte. Heute setzt vor allem die belgische Rosenschule Louis Lens die Züchtungsarbeit an den Moschata-Hybriden fort. Den Namen Moschata-Hybride bekamen sie, weil eine Ahnin die asiatische Kletterose *Rosa moschata* mit ihrem typischen Moschusduft sein soll.

Die Zweige der meisten Sorten sind zierlich, aber wuchsstark und bauen sich rasch zu einem mehr oder weniger großen Strauch auf – etliche

Sorten kann man sogar als niedrige Kletterer einsetzen. Die besten fallen heute durch ihre Robustheit und Blattgesundheit auf. Wohl auch deshalb haben sie vor etwa zehn Jahren Preise der britischen Pflanzengesellschaft »Royal Horticultural Society« (RHS) bekommen. Moschata-Hybriden gedeihen auch in regenreichen Mittelgebirgslagen, wo andere öfter blühende Rosen bereits versagen. Nur dem Winterschutz sollte man große Aufmerksamkeit widmen. Die Winterhärte wird recht unterschiedlich beurteilt, angelsächsische Autoren nennen die Zone 5 (minus 29 °C) als untere Grenze. Deutsche Rosenkenner sind da sehr skeptisch und empfehlen unbedingt einen guten Winterschutz durch Anhäufeln des Wurzelstocks mit Erde. Um die Herbstblüte zu fördern, werden Moschata-Hybriden Ende Juni nochmals gedüngt. Sie sind allerdings in Gartencentern kaum zu finden, für eine schöne Auswahl muss man einen Rosenspezialisten aufsuchen.

: GEWUSST WELCHE

Gesunde Moschata-Rosen – Eine Sortenauswahl

'Prosperity' (Einführung 1919; RHS-Auszeichnung »Award of Garden Merit«: 1994): cremeweiß, gefüllt, duftend.

'Penelope' (1924; RHS-Preis 1993): hellrosa, weiß verblühend, halbgefüllt, duftend.

'Felicia' (1928; RHS-Preis 1993): hellgelb bis hellrosa, gefüllt mit starkem Duft.

'Ballerina' (1937; RHS-Preis 1993): kleine, hellrosa-violette, ungefüllte Blüten ohne Duft.

'Robin Hood' (1927): kleine, ungefüllte, kirschrote Blüten mit wenig Duft.

'Buff Beauty' (1939; RHS-Preis 1993): apricot-gelb, gefüllt, duftend.

'Moonlight' (1913): cremegelb bis weiß, ungefüllte Blüten in Büscheln, leichter Duft, roter Laubaustrieb.

'Cornelia' (1925) apricot bis kräftig rosa, gefüllt, duftend.

linke Seite: Mit ihren ungefüllten Blüten erinnert diese moderne Moschata-Hybride ('Lucys Rose') an Wildrosen.
rechts: Dieser kräftige Farbton von 'Cornelia' ist eher selten bei Moschata-Hybriden.

22 Spinnmilben – Dauerplage für den Zimmergärtner

Einige meiner Zimmerpflanzen haben an Blattgrün verloren. Die Blätter werden immer gelber und trocknen außen ein, bevor sie abfallen. Außerdem sind sie von feinen Fäden eingesponnen – was kann das sein?

Ob im Zimmer, auf der Terrasse, im Wintergarten oder im Gewächshaus – einer der bedeutendsten Pflanzenschädlinge ist die Spinnmilbe, die vor kaum einer Pflanze haltmacht. Die Gemeine Spinnmilbe *(Tetranynchus urticae)* etwa ist nicht sonderlich wählerisch und hat über 200 Pflanzen auf dem Speiseplan, darunter so wichtige Nutzpflanzen wie Kartoffeln, Bohnen, Gurken und Tomaten sowie viele Zierpflanzen.

Die maximal 0,5 Millimeter großen Spinnentierchen saugen an Blättern und Trieben, was zu Austrocknung und Absterben der Pflanzenzellen führt. Die Blätter bekommen einen fahlen Farbton und sind häufig mit weißgelben Punkten übersät. Bei starkem Befall sind Triebe und Blätter mit feinen Gespinsten überzogen. Die Folge: Blätter fallen vorzeitig ab, die Pflanzen sind enorm geschwächt. Am besten kann man Spinnmilben mit der Lupe nachweisen. Erwachsene Tiere besitzen acht Beine, was sie als Spinnentiere identifiziert. Während die Weibchen im Sommer eher gelblich grün aussehen, sind überwinternde Spinnmilben eher rötlich gefärbt, daher auch der Name »Rote Spinne«.

Spinnmilben lieben es trocken und warm, dann steht einer Massenvermehrung nichts mehr im Wege. Im Idealfall dauert es nur 12 Tage, bis sich aus einem Ei ein legebereites Weibchen entwickelt. Zur Vorbeugung sorgt man für ein kühles, feuchtes Mikroklima und besprüht die Pflanzen regelmäßig mit Wasser oder erhöht auf andere Art und Weise die Luftfeuchtigkeit, z. B. durch einen Zimmerbrunnen. Bei den ersten Anzeichen eines Befalls kann man mit Spritzmitteln, deren Wirkung auf den natürlichen Wirkstoffen des indischen Neembaumes beruht, recht gut für Abhilfe sorgen. Der Wirkstoff Azadirachtin greift in die Entwicklung der Tiere ein und verfolgt somit eine Langzeitstrategie. Forschungen haben ergeben, dass Nützlinge weitgehend verschont bleiben und die Mittel nicht bienengefährlich sind. Nützlingsschonend sind auch Spritzmittel, die auf Kaliseifen basieren. Pyrethroidhaltige Mittel sollten aus Gesundheitsgründen nur im Freien versprüht werden.

Als elegante Methode zur Bekämpfung von Spinnmilben können unter Glas oder im Innenbereich auch Nützlinge eingesetzt werden. Besonders winzige Raubmilben wie *Typhlodromus pyri* und *Phytoseiulus persimilis* gehören zu den wichtigsten Helfern bei der Bekämpfung von Spinnmilben im Wein- und Obstbau. Nachdem man die raubmilbenschädigende Wirkung mancher Fungizide erkannt hatte und andere Wirkstoffe einsetzte, spielen Spinnmilben im Erwerbobstbau praktisch keine Rolle mehr. Der Hobbygärtner kann sich das zunutze machen und einen Obstbaumzweig in seine befallenen Pflanzen hängen. Aber auch Florfliegenlarven *(Chrysoperla carnea)* helfen, Spinnmilben zu dezimieren. Diese Nützlinge kann man nicht im Laden, sondern nur über den Versandhandel beziehen, der sie mit der Post verschickt, worauf sie vom Bezieher sofort ausgesetzt werden können.

linke Seite: Weit fortgeschrittener Spinnmilbenbefall an einem Pflanzentrieb.
rechte Seite: Regelmäßige Schädlingskontrolle sorgt für dauerhaft attraktives Laub.

23 Wachsblumen – Tropische Schönheiten für die Fensterbank

Zum letzten Muttertag habe ich eine kleine Pflanze geschenkt bekommen, die nur aus einem dicken, herzförmigen Blatt besteht. Leider hat sich über ein Jahr lang nichts getan. Keine neuen Blätter, geschweige denn Blüten. Um welche Pflanze könnte es sich handeln, und wie sollte ich sie pflegen?

Vermutlich handelt es sich um die Wachsblume *Hoya kerrii*. Einen eigenen deutschen Namen hat diese zu den Seidenpflanzengewächsen gehörende und in Thailand und Kambodscha heimische Art nicht. Sie bildet tatsächlich dicke, ledrige, herzförmige Blätter aus, die, einzeln bewurzelt, neuerdings als nette Geschenkidee in den Blumenläden auftauchen.

Normalerweise ist diese zu den schlingenden Vertretern gehörende Art sehr wüchsig. Doch bis sich aus den Einblattstadien richtige Pflanzen entwickeln, können leicht 2 Jahre vergehen. Dann aber blüht diese *Hoya* bei richtiger Pflege mit weiß-rosa Blüten. Wachsblumen gehören zu den attraktivsten Zimmerpflanzen, und es ist erstaunlich, dass von den über 200 Arten nicht mehr angeboten werden. Die häufigste ist die *Hoya carnosa*, eine schlingende, wüchsige Art, die schon unsere Großmütter mit viel Erfolg gezogen haben. Das dekorative Laub ist dickfleischig und je nach Lichtmenge dunkelgrün bis rötlich. Sehr zierend sind die in Scheindolden erscheinenden Blüten in zartem Rosa mit einem roten Zentralfleck. Die Blüten sondern größere Mengen süßen Nektars ab, den Kinder gerne naschen. Ein bisschen muss man sich vorsehen, dass dieser Nektar nicht auf Möbel oder Böden tropft, dort können sich

links: *Hoya lacunosa*, die Wachsblume mit dem schönsten Duft.
rechts: *Hoya bella* bleibt klein und kommt in einer Hängeampel besonders gut zur Geltung.

links: *Hoya carnosa* haben schon unsere Großeltern gepflegt.
rechts: *Hoya meredithii.*

sonst unter ungünstigen Umständen Rußtaupilze ansiedeln. Hierin gleicht sie *H. kerrii*.

Bis auf einige heiklere Arten lassen sich Wachsblumen ohne besonderen Aufwand im Zimmer halten. Ihr Lichtbedürfnis ist eher mäßig, pralle Sonne sollte aber unbedingt vermieden werden. Im Sommer mögen sie es gerne warm, aber nicht brandig heiß, im Winter sollte die Zimmertemperatur jedoch nicht unter 16 °C fallen. Beim Wässern ist man auf der sicheren Seite, wenn das Substrat (feinkrümelig, humos, mit Perlite, Blähton oder feinem Bims abgemagert) zwischen den Gießintervallen fast vollständig austrocknen kann. Das soll die Blühwilligkeit steigern. Staunässe dagegen ist tödlich – also kein Wasser im Untersetzer stehen lassen. Die Blütenstandsstiele, an deren Ende die attraktiven Scheindolden gebildet werden, werden bei einigen *Hoya*-Arten nicht abgeworfen, vielmehr bilden sich an ihren Enden immer wieder neue Dolden. Schneidet man sie irrtümlicherweise ab, so kann die Pflanze an diesem Knoten keine Blüten mehr bilden. Viele Arten besitzen ledrige, zum Teil fleischige Blätter. Die Wasserverdunstung ist daher gering. Auch der Bedarf an Nährstoffen ist eher unbedeutend. Während der Wachstumszeit bis zum Herbst wird nur gelegentlich mit einem Flüssigdünger in der halben Konzentration gedüngt. Viele *Hoya* eignen sich für eine Ampelkultur und können im Sommer in einen großen Apfelbaum gehängt werden. Er schattiert in idealer Art und Weise, fast wie in der Natur.

Wachsblumen sind wenig krankheitsanfällig, nur Schmierläuse können zum Problem werden. Sie sitzen bevorzugt in den Blattachseln und unter Blättern und fügen durch ihre Saugtätigkeit den *Hoya* schwere Schäden zu. Geringer Befall kann durch Bepinseln mit 70-prozentigem Alkohol oder Brennspiritus bekämpft werden, bei Massenbefall hilft nur ein systemisches, über die Wurzeln wirkendes Mittel.

Die Vermehrung ist bei den meisten Arten denkbar einfach: Sprossstücke mit mindestens 2 Blattpaaren bilden in der gespannten Luft einer Plastiktüte innerhalb von 1 bis 2 Wochen Wurzeln aus. Großblättrige Arten brauchen länger und werden besser in luftiges Substrat gesteckt.

Neben *Hoya carnosa* werden gelegentlich einige andere Arten angeboten. *H. bella*, eine hängende Art, lässt sich wunderbar in einer Ampel kultivieren und bleibt gehorsam an ihrem Platz. Zur Blütezeit schmückt sie sich mit unzähligen weiß-rosa Blütensternen, die wenig Nektar absondern. Liebhaber intensiver Düfte sollten sich *H. lacunosa* zulegen, einen kleinen Schlinger, den man sehr gut an einem rund gezogenen Draht halten kann. Er wartet mit cremefarbenen, pelzigen Blüten auf, die den ganzen Raum mit einem herrlichen Zitrusaroma erfüllen. Wer auf den Geschmack gekommen ist und andere Arten kultivieren möchte, findet sie im Internet oder in Spezialgärtnereien. Über den Tausch mit anderen Sammlern trägt man so schnell eine kleine Sammlung Wachsblumen zusammen.

rechts: *Hoya multiflora* unterscheidet sich von den meisten Wachsblumen deutlich in ihrer Blütenform.

24 Echte Dunkelmänner

→ *Unser Wohnzimmer ist leider nach Norden ausgerichtet und recht dunkel.* Ficus benjamina, *den uns ein Gärtner empfohlen hat, sieht aus wie ein Gerippe. Welche Pflanzen kommen denn wirklich mit wenig Licht aus?*

Licht ist neben Wasser und Temperatur der begrenzende Faktor für das aktive Pflanzenwachstum. Selbst wenn im Sommer draußen die Sonne scheint (das entspricht einer Beleuchtungsstärke von etwa 70.000–80.000 Lux), kann die Lichtmenge 2 Meter hinter dem Fenster zu gering sein für eine Pflanzenhaltung. Schnell fällt nämlich die Beleuchtungsstärke unter 1000 Lux ab, die Grenze liegt bei etwa 800 Lux. Dunkle Ecken im Haus sind also eine wahre Herausforderung für den Hobbygärtner. Es gibt nur wenige Arten, die mit wenig Licht auskommen, und sie gehören ausnahmslos zu den Grünpflanzen. Selbstverständlich kann man aber mit speziellen Lampen die Wachstumsbedingungen vieler Pflanzen in dunkleren Ecken verbessern. Dazu kommen nur Lampen in Frage, die in den richtigen Wellenlängenbereichen Licht abstrahlen, da nur dieses von Pflanzen zur Photosynthese genutzt werden kann. Gewöhnliche Leuchtstoffröhren – als Alternative zu teuren Speziallampen – reichen dazu schon aus. In der Fachsprache werden sie »Dreibanden-Leuchten« genannt, denn sie strahlen drei Wellenlängenbereiche des Tageslichtes ab, darunter auch das wichtige Blau. Dieses sorgt dafür, dass Pflanzentriebe gedrungen wachsen und nicht vergeilen. Auch moderne Energiesparlampen werden mittlerweile mit einem für Zimmerpflanzen geeigneten Spektrum angeboten. Glüh- und Halogenlampen dagegen strahlen zu wenig Blau ab, außerdem ist ihr Wirkungsgrad schlecht.

Wenn eine zusätzliche künstliche Beleuchtung nicht in Frage kommt, gibt es nur eine begrenzte Anzahl Pflanzensorten, die sehr schattige Bedingungen tolerieren. Gelegentliches Umsetzen an hellere Standorte hilft angeschlagenen Pflanzen, wieder zu Kräften zu kommen.

Größer werdende Arten, die dunkle Ecken vertragen, sind die Bergpalme *(Chamaedorea elegans)*, die Kentiapalme *(Howea forsteriana)*, der Drachenbaum *(Dracaena marginata)* und das Fensterblatt *(Monstera deliciosa)*. Wem diese Exemplare zu groß sind, der kann kleinere Pflanzen wie die genügsame Schusterpalme *(Aspidistra elatior)*, den Königswein *(Cissus rhombifolia)* oder den Schildfarn *(Cyrtomium falcatum)* wählen.

Weitere anspruchslose Pflanzen mit einem mittleren bis geringen Lichtbedarf: Kletternder Baumfreund *(Philodendron scandens)*, Bubiköpfchen *(Soleirolia soleirolii)*, Efeu *(Hedera helix)*, Efeutute *(Epipremnum aureum)*, Einblatt *(Spathiphyllum wallisii)*, Henne und Küken *(Tolmiea menziesii)* und Strahlenaralie *(Schefflera arboricola)*. Die meisten Schattenpflanzen sind genügsam, wünschen aber eine mittlere bis hohe Luftfeuchte und sind für gelegentliches Besprühen mit weichem oder entkalktem Wasser dankbar.

linke Seite: Das Einblatt ist ein dankbarer Kandidat für absonnige Ecken.
rechte Seite: Der Bogenhanf steht in vielen Büroräumen.

25 Wie Orchideen »Kindel« kriegen

Ich habe mir eine Phalaenopsis-Orchidee zugelegt und sie nach der Blüte, wie empfohlen, über dem 2. bzw. 3. Auge zurückgeschnitten. Statt neuer Blüten wachsen nun aus 2 Augen neue Blätter! Was bedeuten das, und was muss ich nun tun?

Phalaenopsis ist unter den Zimmerorchideen der Evergreen, denn sie ist wirklich pflegeleicht, robust und in vielen verschiedenen Blütenfarben erhältlich. Nach der Blüte im späten Frühjahr, häufig sogar erst im Sommer heißt es in der Tat »zur Schere greifen« und den Blütenstiel oberhalb des 2. Knotens abschneiden. *Phalaenopsis* sind sehr vital, sodass sie häufig aus einem der

Knoten einen weiteren Blütenstängel austreiben, der dann im Sommer blüht. Übrigens niemals gesunde Luftwurzeln abschneiden. Das kann zum Absterben der Orchidee führen.

Hin und wieder kommt es vor, dass statt neuer Blüten ein sogenanntes »Kindel« an den Blütenstängeln entsteht. Dies ist eine neue Pflanze, die genetisch mit der Mutterpflanze identisch ist, also ein Klon. Und damit kann man seine Orchidee vermehren: Weiter wachsen lassen und abtrennen, wenn die Luftwurzeln, die noch kommen werden, eine Länge von etwa 10 Zentimeter erreicht haben. Eingetopft wird in spezielles Orchideensubstrat, das vornehmlich aus Rindenstückchen besteht.

Ein Blick auf den Naturstandort hilft oft bei der Frage nach der richtigen Pflanzenpflege. *Phalaenopsis*-Orchideen – der Name bedeutet übrigens »Aussehen eines Nachtfalters«, womit die Blüten gemeint sind – wachsen in Südostasien als Aufsitzerpflanzen auf Bäumen, werden von Regenwasser versorgt und sitzen in einem sehr luftigen Substrat im Halbschatten. Damit ist zunächst der richtige Standort in der Wohnung wichtig: *Phalaenopsis* benötigt einen Platz auf der Fensterbank, wo sie zumindest im Sommer keine direkte Mittagssonne bekommt – ein West- oder Ostfenster bei einer Zimmertemperatur zwischen 18 und 22 °C ist ideal. Man hat übrigens festgestellt, dass die Blüten in der Nähe von

Obstschalen schneller welken. Wahrscheinlich ist das ausströmende Reifegas Ethylen hierfür verantwortlich. Wenn eine *Phalaenopsis* schon längere Zeit nicht mehr geblüht hat, hilft es, die Temperatur im Winter für etwa 4 Wochen auf 14 bis 16 °C abzusenken. Dieser leichte Kältereiz induziert bei rosa- und weißfarbigen Sorten ziemlich sicher eine neue Blüte. Neuerdings angebotene gelb blühende Exemplare lieben es jedoch generell etwas wärmer.

Zum Thema Gießen: *Phalaenopsis* darf niemals völlig austrocknen, weil dann die Wurzeln schrumpfen. Sie darf aber auch nicht im Wasser stehen. Deshalb ist die beste Methode, die Pflanze aus dem Übertopf zu nehmen und im Winter einmal und im Sommer zweimal wöchentlich zu tauchen. Ideal ist weiches oder entkalktes Wasser. Dabei sollte kein Wasser ins Herz der Pflanze eindringen. Gedüngt wird während des Wachstums – alle 2 Wochen mit speziellem Orchideendünger. Wenn einmal Schädlinge Ihre Schützlinge heimsuchen – etwa Woll- und Schmierläuse, die oft unerreichbar im Herz der Pflanze sitzen –, ist es am einfachsten, von unten her ein halbes Insektenstäbchen zwischen die Rindenstückchen am Topfboden zu drücken.

linke Seite: Lebensnotwendige Luftwurzeln bei *Phalaeopsis*. **rechte Seite:** Die Züchter haben ganze Arbeit geleistet: neuen *Phalaenopsis*-Hybriden haben sich weit entfernt von den altbekannten weißen und rosafarbenen Sorten.

Gärtnereien und ihre Schaugärten

Staudengärtnerei Dieter Gaissmayer
Jungviehweide 3
89257 Illertissen
Tel.: (07303) 72 58
www.gaissmayer.de

Landhaus Ettenbühl
79415 Bad Bellingen-Hertingen
Tel.: (07635) 82 79 70
www.landhaus-ettenbuehl.de

Garten Karl Förster
Am Raubfang 6
14469 Potsdam-Bornim
Tel.: (0331) 52 09 36
www.foerster-stauden.de

Staudengärtnerei Alpine Raritäten Jürgen Peters
Auf dem Flidd 20
25436 Uetersen
Tel.: (04122) 33 12
www.alpine-peters.de

Alpinum und Orchideenzucht Schronen
In der Elkes 3–5
54689 Daleiden
Tel.: (06550) 14 38
www.orchideen-schronen.de

Kräutergärtnerei Syringa
Bachstr. 7 (Büroanschrift)
78247 Hilzingen-Binningen
Tel.: (07739) 14 52
www.syringa-samen.de

Staudengärtnerei Arends-Maubach
Monschaustr. 76
42369 Wuppertal-Ronsdorf
www.arends-maubach.de

Rosengarten Jensen
Am Schlosspark 2b
24960 Glücksburg
Tel.: (04631) 6 01 00
www.rosen-jensen.de

Staudengärtnerei Gräfin von Zeppelin
Weinstr. 2
79295 Sulzburg-Laufen
Tel.: (07634) 6 97 16
www.graefin-v-zeppelin.com

Staudengärtnerei Ernst Pagels
Deichstr. 4
26789 Leer
Tel.: (0491) 32 18

Wassergärten Ada Hofmann
Westeindigerdijk 3
NL-7778 HG Loozen
Niederlande
Tel.: +31 (524) 56 24 48
www.adahofmann.nl

Modellgärten Appeltern
Waltstraat 2a
6629 AD Appeltern
Niederlande
Tel.: +31 (487) 54 17 32
www.appeltern.nl

The Beth Chatto Gardens
Elmstead Market
Colchester, Essex, CO7 7DB
Großbritannien
Tel.: +44 (1206) 82 20 07
www.bethchatto.co.uk

Hadspen Garden
Castle Cary
Sommerset, BA7 7NG
Großbritannien
Tel.: +44 (1749) 81 37 07
www.hadspengarden.freeserve.co.uk

Adressen von Privatgärten und öffentlichen Gärten finden Sie im Internet unter www.ratgebergarten.de

Literaturtipps

Gehölzgarten:
Angelika Throll, Peter Kiermeier: Das Kosmoshandbuch Gartengehölze, Kosmos Verlag, ISBN 3-4400-9700-5
Friedrich Eberts: Bambus, BLV Verlag, ISBN 3-4051-6916-X
Allen J. Coombes: Bäume für kleine Gärten, Dorling Kindersley, ISBN 3-83100-371-8
Ulrich Hecker: BLV Handbuch Bäume und Sträucher, BLV, ISBN 3-4051-4738-7
Kübelgarten:
Ellen Fischer: Das Topfgartenbuch, Ulmer Verlag, ISBN 3-8001-5161-8
Wolfgang Kawollek: Kübelpflanzen, Ulmer Verlag, ISBN 3-8001-6619-4
Christoph u. Maria Köchel: Kübelpflanzen, BLV Verlag, ISBN 3-4051-6589-X
Ziergarten:
Fritz Köhlein: Dauerhafte Gärten durch langlebige Stauden, Obst- und Gartenbauverlag, ISBN 3-8759-6117-X
Christopher Lloyd: Faszination Farbe im Garten, Callwey, 2002, ISBN: 3-7667-1518-6
Piet Oudulf: Neues Gartendesign mit Stauden und Gräsern, Ulmer Verlag, ISBN 3-8001-6691-7
Beth Chatto: Der Kiesgarten - Gärtnern auf trockenem Standort, Ulmer Verlag, ISBN 3-8001-3144-7
Adalbert Griegel: Mein gesunder Ziergarten, Griegel Verlag, ISBN 3-9303-8410-8

Nutzgarten:
Marie-Luise Kreuter: Der Bio-Garten, BLV Verlag, ISBN: 3-4051-6674-8
Adalbert Griegel: Mein gesunder Obstgarten, Griegel Verlag, ISBN 3-9303-8414-0
Adalbert Griegel: Mein gesunder Gemüsegarten, Griegel Verlag, ISBN 3-9303-8418-3
Marie Luise Kreuter: Kräuter und Gewürze aus dem eigenen Garten, BLV Verlag, ISBN 3-4051-6209-2
Zimmerpflanzen:
Karl-Heinz Rücker: Die Pflanzen im Haus. Ein Handbuch für die erfolgreiche Pflege aller Zimmerpflanzen, Ulmer Verlag, ISBN 3-8001-4905-2
Allgemeine Gartenbücher:
Wolfgang Kawollek: Das Ulmer Gartenbuch, Ulmer Verlag, ISBN 3-8001-4874-9
Wolfram Franke u. a.: Handbuch Garten, BLV Verlag, ISBN 3-4051-6317-X
Herta Simon, Jürgen Becker, Marion Nickig: Das große GU Gartenbuch, Gräfe und Unzer Verlag, ISBN 3-7742-3770-0
Royal Horticultural Society: Die neue Enzyklopädie der Garten- und Zimmerpflanzen, Dorling Kindersley, ISBN 3-8310-0016-6
Peter Wirth: Der Gartenplaner. Gärten planen, entwerfen, kalkulieren, Ulmer Verlag, ISBN 3-8001-3262-1
Rosen:
John Scarman: Gärtnern mit Alten Rosen, Christian Verlag, ISBN 3-8847-2311-1
Peter Kiermeier, Thomas Proll: Rosen. Pflege, Gestaltung, Kosmos Verlag, ISBN 3-4401-0694-2

Tipps fürs Internet

+ Die Seite des »ARD Ratgeber Heim+Garten«:
www.ratgebergarten.de
+ Ein eigenes kleines Universum mit unzähligen Gartenlinks zu allen Themen des Gärtnerns:
www.gartenlinksammlung.de
+ Forschungsanstalt für den Gartenbau an der FH Weihenstephan: **www.fh-weihenstephan.de/fgw/index.html**
+ Alle Landwirtschaftskammern auf einen Blick:
www.landwirtschaftskammern.de/
Die ganze Welt des biologischen Gärtnerns: **www.bio-gaertner.de**
Die Allgemeine Deutsche Rosenneuheitenprüfung ADR:
www.adr-rose.de
Alles über geprüfte und empfehlenswerte Stauden:
www.staudensichtung.de
Das Gleiche für Gehölze:
www.gehoelzsichtung.de/
Zahlreiche Pflanzenporträts:
www.wikipedia.de

Bezugsquellen

Gehölze:

C. Esveld
Rijneveld 72
NL - 2771 XS Boskoop
Niederlande
Tel.: +31 (172) 21 32 89,
Fax: +31 (172) 21 57 14
E-Mail: Info@esveld.nl
Web: www.esveld.nl

Häberli Obst- und Beerenzentrum GmbH
Postfach 156
78201 Singen
Tel.: +41 7 14 74 70 87,
Fax: +41-7 14 74 70 80
E-Mail: info@haeberli-beeren.ch
Web: www.haeberli-beeren.ch

Ley Baumschulen
Baumschulenweg 20
53340 Meckenheim
Tel.: (02225) 9 14 40

Clematis:

F. M. Westphal, Clematiskulturen
Peiner Hof 7
25497 Prisdorf
Tel.: (04101) 7 41 04,
Fax: (04101) 78 11 13
E-Mail: Clematis.Westphal@t-online.de
Web: www.clematis-westphal.de

Rosen:

W. Kordes' Söhne
25365 Klein-Offenseth-Sparrieshoop
Tel.: (04121) 4 87 00,
Fax: (04121) 8 47 45
E-Mail: Kordes-Rosen@t-online.de
Web: www.kordes-rosen.com,
www.gartenrosen.de

Walter Schultheis
Bad Nauheimer Str. 3–7
61231 Bad Nauheim-Steinfurth
Tel.: (06032) 8 10 13 Rosenhof,
Fax: (06032) 8 58 90
Web: www.rosenhof-schultheis.de

Landhaus Ettenbühl
79415 Bad Bellingen-Hertingen
Tel.: (07635) 82 79 70
www.landhaus-ettenbuehl.de

Sommerblumen:

Treppens & Co. Samen GmbH
Berliner Str. 88
14169 Berlin
Tel.: (030) 8 11 33 36,
Fax: (030) 8 11 43 04
(Sommerblumen, Blumenzwiebeln)

Stauden:

Staudengärtnerei Dieter Gaissmayer
Jungviehweide 3
89257 Illertissen
Tel.: (07303) 72 58, Fax: (07303) 4 21 81
E-Mail: info@staudengaissmayer.de
Web: www.staudengaissmayer.de

Staudengärtnerei
Gräfin von Zeppelin
79295 Sulzburg-Laufen/Baden
Tel.: (07634) 6 97 16,
Fax: (07634) 65 99
Web: www.graefin-v-zeppelin.com

Staudengärtnerei Jürgen Peters
Auf dem Flidd 20
25436 Uetersen
Tel.: (04122) 33 12, Fax: (04122) 4 86 39
E-Mail: Alpine.Peters@t-online.de
Web: www.Alpine-Peters.de

Staudengärtnerei Schöllkopf
Postfach 7137
72735 Reutlingen
Tel.: (07121) 5 49 71,
Fax: (07121) 58 09 12

Staudengärtnerei Arends-Maubach
Monschaustr. 76
42369 Wuppertal-Ronsdorf
www.arends-maubach.de

Kübelpflanzen:

Flora mediterranea
Königsgütler 5
84072 Au/Hallertau
Tel.: (08752) 12 38, Fax: (08752) 99 30
Web: www.floramediterranea.de

Kräuter:

Kräutergärtnerei Syringa
Bachstr. 7
78247 Hilzingen-Binningen (Büroanschrift)
Tel.: (07739) 14 52, Fax: (07739) 6 77
E-Mail: info@syringa-samen.de
Web: www.syringa-samen.de

Gemüse:

Ulla Grall
Eulengasse 3
55288 Armsheim
Tel.: (06734) 96 03 79
www.bio-saatgut.de
Viele seltene, auch alte Gemüsesorten

Dreschflegel
In der Aue 31
37213 Witzenhausen
Tel.: (05542) 50 27 44
www.dreschflegel-saatgut.de
Viele seltene, auch alte Gemüsesorten

Die Fernsehsendung und der Moderator

»Wer der Gartenleidenschaft verfiel, ist noch nie geheilt worden. Er fühlt sich dankbar immer nur tiefer verstrickt.« (Karl Foerster, 1874-1970)
Der legendäre Staudengärtner Karl Foerster stand dafür, dass ein Garten weit mehr als eine bloße Ansammlung von Pflanzen ist. Dies ist der Traum eines jeden Gärtners: ein kleines Paradies im Grünen – der Gegenentwurf zu den Pflichten des Alltags. Diesen Wünschen spürt der »ARD Ratgeber Heim+Garten« nach, mit Themen, die Gärtnerseelen und Pflanzenfreunden am Herzen liegen. Vom großen und kleinen Hausgarten mit Nutzflächen und Staudenrabatten bis hin zum ausgefallenen Pflanzenparadies auf dem Balkon und in der Wohnung: Auf Fragen bei der Garten- und Pflanzenpflege findet man ebenso eine Antwort wie bei der Suche nach neuen »botanischen« Inspirationen.
Garten ist immer auch ein Stück gezähmte Natur. Der »ARD Ratgeber Heim+Garten« möchte Verständnis dafür wecken, dass Natur vor allem eines braucht, und das ist Zeit. Zeit zur Entwicklung, Entfaltung und Veränderung. Nicht immer ist also die schnelle Lösung auch die beste. Naturgemäß geben die Jahreszeiten das Themenspektrum vor. Jede Folge behandelt in mehreren Beiträgen, der Jahreszeit entsprechend, ein Kaleidoskop an Gartenthemen, die eingebettet sind in die Moderation von Markus Phlippen. Er stellt botanisch und gärtnerisch interessante Orte vor, Gärten, die so spannend sind wie ihre Besitzer.
Der promovierte Biologe und begeisterte Hobbygärtner moderiert seit nunmehr vier Jahren den Ratgeber. In der Realisation von Naturfilmen fand er die perfekte Symbiose zwischen naturwissenschaftlichem Interesse und seiner kreativen

Seite. Da für ihn die verständliche Darstellung von komplizierten Fakten bei der wissenschaftlichen Arbeit Alltagsgeschäft war, bestand auch keine Scheu, den Schritt vor die Kamera zu wagen. Sein Credo: »Man muss die natürlichen Zusammenhänge verstehen, dann erklärt sich vieles im Garten ganz von selbst.« Über das Thema »Natur« hinaus liegt für ihn der besondere Reiz in der Begegnung mit Menschen und ihren Gärten. »Gärtner sind im wahrsten Sinne des Wortes ›geerdete‹ Menschen, mit denen man sofort auf einer Wellenlänge ist.« Für die Zukunft wünscht er sich, dass auch die junge Generation den Garten mehr für sich entdeckt. »In England ist das ganz selbstverständlich, da geht man am Samstagabend in den Club, und am Sonntagmorgen werden die Rosen geschnitten.«
Neben der Arbeit vor der Kamera steht die Tätigkeit als Filmautor und Realisator für alle Themen rund um die Natur im Vordergrund. Selbst in seiner Freizeit lässt Markus Phlippen das Thema Natur nicht los: »... und wenn ich nicht in Sachen Film und Garten unterwegs bin, schmiede ich gerne mit meiner Familie Reisepläne. Unser ganz persönlicher Favorit bleibt Australien, aber Südafrika und Jamaika machen ernsthaft Konkurrenz.«
Konzipiert und produziert wird die Sendereihe von der Firma Imhoff Realisation im Auftrag des WDR. Das Team von Fachautoren und Realisatoren arbeitet mit Hobbygärtnern, Gartenvereinen, Botanikinstituten und Organisationen zusammen, die sich mit Natur und Garten befassen. Vorschläge von Zuschauern zu botanischen Themen und Drehorten nimmt das »ARD Ratgeber Heim+Garten«-Team gerne entgegen.
Kontakt: Imhoff Realisation, Barbarossaplatz 8, 50674 Köln, Tel. (0221) 9 23 96-12, Fax (0221) 9 23 96-23, E-Mail: redaktion@imhoff-realisation.de

Danksagung

Ich möchte vor allem meinen lieben Kollegen Dr. Jutta von der Gönna und Friedemann Borchert danken. Ohne ihre intensiven Recherchen und emsige Arbeit wären viele gärtnerische Fragen unbeantwortet geblieben. An dieser Stelle sei auch Habiba Mouhtadi gedankt, die uns in der entscheidenden Manuskriptphase tatkräftig unterstützt hat. Vielen Dank auch an unsere »Schnitthexe« Sandra Heinrichs, die unzählige meiner Fotos scannte und sortierte.
Arno Imhoff (Herausgeber) und Peter Jamin (Projektleitung) danke ich für das große Interesse und die Bereitschaft, auch in die tieferen Gedankengänge der Gärtner einzudringen. Besonders danken möchte ich ebenso Susanne George (Redaktion vgs), die von Anfang an unseren Stil und unsere Prioritäten mitgetragen hat.
Ohne die Mutterpflanze »ARD Ratgeber Heim +Garten« gäbe es den kleinen Ableger in Form dieses Buches nicht. Deshalb vielen Dank an den WDR und ganz besonders an Rainer Nohn (Redakteur der Sendung) für das Vertrauen und den Freiraum, in dem allmonatlich von uns der Garten bestellt werden darf.
Herzlichen Dank auch an Dr. Philipp Schönfeld von der LWG Veitshöchheim für die Überlassung von Fotos der Mischpflanzung »Silbersommer« und der *Hoya*-Sammlerin Sandra Graf für Fotos der verschiedenen Wachsblumen.
Nicht zuletzt gilt der Dank den vielen Fachleuten, die wir bei unseren Sendungen kennen gelernt haben und die immer bereitwillig und gerne auch kniffligste Fragen beantworten – der Gartenvirus ist unheilbar. Darunter auch einige Experten, die eher unbewusst durch interessante Arbeiten unser Wissen erweitert haben: Andreas Bärtels (Waake), Stefan Bergerhoff (Wiehl), Viktoria Freifrau von dem Bussche (Bad Essen), Prof. Donnchadh Mac Cárthaigh (Freising), Dieter Gaissmayer (Illertissen), Adalbert Griegel (Dorsheim), Ada Hofmann (Loozen, NL), Wolfgang Kawollek (Kassel), Fritz Köhlein (Bindlach), Klaus Körber (Veitshöchheim), Ulrike Leyhe (Freising), Ulrike Lindner (Köln), Thomas Lohrer (Freising), Dr. Michael Lorek (Wuppertal), Ernst Pagels, Dr. Peter Reimherr (Veitshöchheim), Karlheinz Rücker (Stuttgart), John Scarman (Bad Bellingen), Cassian Schmidt (Weinheim), Peter Stremer (Köln), Helga Urban (Frankfurt), Prof. Dieter Warda (Ellerhoop), Ellen Fischer.